LGBTIの雇用と労働

当事者の困難とその解決方法を考える

三成 美保 編著

晃洋書房

LGBTIの雇用と労働——当事者の困難とその解決方法を考える

目次

序論

LGBTIの包括的権利保障をめざして

奈良女子大学 教授

三成美保

1　本書の意義

２０１５年国際反ホモフォビア・トランスフォビア・デー（5月17日）に際し、ＩＬＯ事務局長は、その声明で「世界で最も成功している大手企業の多くがＬＧＢＴに関するものを含む多様性戦略を前進させていることは驚くべきことではありません。実際、フォーチュン誌による企業ランキング上位５００社の９割近くが性的指向や性同一性に基づく差別を禁止しており、うち６割程度が給付対象を自社従業員の同性パートナーにも広げています」と指摘しています。[1] 日本でも、厚生労働省「働き方の未来２０３５～一人ひとりが輝くために～」（２０１６年8月）において「性別の違いにとどまらず、人種や国籍、年齢やＬＧＢＴや障害の有無などが、働いたり、住んだりする『壁』に一切ならないような社会、制度を築いていくべきだろう」と提案されています。[2] ＬＧＢＴ／ＬＧＢＴＩ（性的マイノリティ）[3] の人たちが、尊厳をもって安全に働くことができる環境を作ることは、人権保障の観点からも、企業の「成功」という観点からも必須であることが認識されはじめています。

本書は、日本学術会議法学委員会「社会と教育におけるＬＧＢＴＩの権利保障分科会」（以下では、「ＬＧＢＴＩ権利保障分科会」と言う）が開催した公開シンポジウム（２０１６年12月）の成果です。日本学術会議は３年ごとに期が変わりますが、その第23期（２０１４年10月～２０１７年9月）に、ＬＧＢＴＩ権利保障分科会が新設されました。それは、日本学術会議としてはじめて本格的にＬＧＢＴＩの問題について取り組むことを目指した委員会です。同分科会は、「同性カップル（婚姻）」「教育」「雇用・労働」の3点について順次検討し、それぞれシンポジウムおよび成果公表に取り組んできました。(4) 本書は、その3つ目のテーマである「雇用・労働」に関する成果です（本書第1章参照）。

2　包括的権利保障の必要性と「生存保障」としての雇用・労働の保障

ＬＧＢＴＩ権利保障分科会は、第23期最後の課題として、２０１７年9月、提言をまとめました。「性的マイノリティの権利保障をめざして――婚姻・教育・労働を中心に」(5) です。そこでは、①包括的な権利保障の必要性をうたったうえで、②法改正（民法・特例法）、③教育、④雇用・労働について、日本がとるべき方向を示しました。

ひとの「性」のあり方は多様です。その説明方法にはいろいろあると思われますが、「身体・こころ・他者との関係」に着目して「性」をとらえるとわかりやすいのではないでしょうか。①性に係る身体的な特徴（性の特徴）、②身体とこころの関係（性自認）、③他者との関係（性的指向）です。これら三要素は、それぞれが多様であるだけでなく、組み合わせのあり方もさまざまです。三要素およびその組み合わせのすべてに関して各人がもつ特徴や個性をありのままに尊重するというのが、「包括的な権利保障」という考え方です。すなわち、包括的権利保障とは、「性」および「身体」を「人格権」として保障することを意味します。(6) すべてのひとは、「性的指向や性自認（ソジ＝ＳＯＧＩ）」(7) にもとづく差別を受けることなく、自らの性自認にしたがって学び、働き、生活する権利を持つとともに、身体に関する自己決定権（身体の変更を強制されない権利）を有し、性的指向の自由を侵害されない権利をもちます。なかでも、「生存保障」という意味では、「雇用・労働」に関する権利保障が喫緊の課題であることは明らかです。

ＬＧＢＴＩ当事者は、「男女別身体・異性愛・シスジェンダー」といったセットからなる「典型的」な男女の類型にはあてはまりにくい存在です。社会の仕組みは一般に多数派モデルに即して設計され、仕組みを維持するために生じる「ひずみ」は少数者に集中しがちです。その「ひずみ」は「生きづらさ」や「困難」という形をとって少数者を悩ませます。すなわち、少数者が感じる「困難」の原因は、少数者自身にあるのではなく、社会の側にあるのです。[8]

ＬＧＢＴ法連合会が公表している「ＬＧＢＴ困難リスト」（２０１５年、第三版２０１９年）には、雇用・労働について深刻な悩みが列挙されています。「職場でレズビアンとカミングアウトしたら、『治してやる』『男を知れば変われる』などといってレイプされた」といった性犯罪に至るものもあれば、「性的指向や性自認を理由とするいじめ・ハラスメントにより、転職を重ねた結果、非正規雇用につかざるを得ず、経済的な困窮につながった」、「カミングアウトしたら、『あいつはホモ／レズだから気をつけろ』と職場内で言いふらされた」、「自らの性的指向や性自認が非典型であることをオープンにした結果、公務員（とくに教員）の採用試験で不当に低い評価を受けた」など、不安定雇用や理不尽な評価に関する困りごとが挙げられています。

本書でも明らかにしている通り、ＬＧＢＴＩ当事者が働きやすい職場は、だれにとっても働きやすい職場であり、働き甲斐を見出しやすい職場です（本書第2章参照）。そのような企業が経営面でもすぐれた実績をあげていることは、冒頭のＩＬＯ事務局長の言葉からも見て取れます（本書第3章参照）。しかしながら、現実の日本社会では、一部のグローバル企業を除き、多くの企業でＬＧＢＴＩに対する理解が進まず、ＬＧＢＴＩ当事者に対する深刻なハラスメントは解消されていません。彼らが離職や低所得に追い込まれるという事態も改善されていません。

3　公私二元的ジェンダー秩序とホモフォビア

今日の日本社会では、多くのひとは積極的な「差別」には加担しないでしょう。しかし、自覚的に差別をしないことは、必ずしも差別に敏感であることを意味しません。例えば、ＳＮＳにヘイトスピーチを自ら書き込むことはなくとも、そのヘイトスピーチを不用意に拡散しているとしたら、それも差別の助長につながります。そのことにどれほど気づいているでしょうか。多くの差別的言動は、無自覚に行われるのです。これを「アンコンシャス・バイアス（無意識の偏見）」[9]と言います。「アンコンシャス・バイアス」の典型がジェンダー・バイアスです。

ＬＧＢＴＩに対する「アンコンシャス・バイアス」には、2つの側面があります。1つは、ＬＧＢＴＩ当事者に対する社会的差別です。もう1つは、ＬＧＢＴＩ当事者間における非対称な関係（上下関係や力関係、性別など）にもとづく序列化や差異化です。これらを混同すべきではありませんが、しばしば同時に生じ、複合的差別を生み出します。

西洋社会の特徴は、ＬＧＢＴＩのうち、Ｇ（ゲイ＝男性同性愛）が突出して問題とされたことです(10)。古代アテナイに典型的に見られた「少年愛」は、成人市民男性と少年という年齢階梯的に非対称な関係でのみ許容され、市民男性の異性婚とまったく矛盾しませんでした。これに対して、中世〜近世のキリスト教ヨーロッパ社会では、同性間性交（圧倒的に男性間性交）は宗教的大罪（ソドミー罪）とされ、死刑（しばしば火あぶり）に処せられました。キリスト教社会では当事者同士の「行為」が問われ、両者の非対称な関係によってその行為が免罪・許容されることはありませんでした。このような構図は、欧米では近代市民社会にも引き継がれます。しかし同時に、それは、近代市民社会において顕著になった男女の非対称な関係（「公＝男性／私＝女性」に代表される公私二元的な性別役割分担）と密接に結びつき、独特の「ホモフォビア」（男性同性愛嫌悪）を生み出すことになりました。

近代市民社会における女性の排除と男性同性愛者の排除の背景には、ある共通の論理が横たわっています。それが、「近代的な公私二元的ジェンダー秩序(11)」です。欧米の近代市民社会は、「公私分離（公私二元論）」と「性別役割分担（「男性性／女性性」の二元論）」を二大特徴としていました。男性同性愛は、この秩序を根底から脅かすものとして警戒されたのです。

19世紀半ば、「ホモセクシュアル」という造語が考案されました。ホモセクシュアルは生得的な指向であり、個人同士の私的な親密関係であるがゆえに刑罰の対象にはなじまないと主張されたのです。しかし、これに対する批判は容赦ないものでした。1つは、「公私分離」の立場からの批判です。市民男性が主体となる政治や経済などの公的領域に私的な親密関係が介在することは公的秩序を侵害すると攻撃されました[12]。その結果、同性愛者という理由で、本人の能力にかかわりなく、経済を含む公的領域からゲイは厳しく排除されてしまいます。もう1つは、「男性性」喪失への恐怖感にもとづく嫌悪です。性的に能動的であるべき男性が受動的役割を果たすことは「女性性」への接近にほかならず、「市民的名誉」を否定すると考えられました。こうして、同性愛を「変態性欲」として病理化した精神医学がまたたくまに欧米社会に広まっていきます。

近代的な公私二元的ジェンダー秩序のもとでは、女性は、たしかに公的領域から排除されました。しかし同時に、女性の本性は母性にあるとされたために、女性は私的領域（家庭）の主たる担い手とされました。公的領域から分離されて新しく成立した私的領域は、女性にとって新しい居場所となったのです。家庭内で女性は、家事（ただし市民の妻は家事労働をせず、家事の監督をする）や育児といったアンペイドワークを担当することになります。ところが、同性愛者は生殖家族をつくることができません。つまり、同性愛者は公的領域からも私的領域からも「逸脱者」とされたのです。そのとき、ゲイとレズビアンに対しては、社会のまなざしが異なっていました。啓蒙末期以降、「性的衝動をもたない性」とされた女性には能動的な性愛が想定されなかったために、レズビアンは刑罰対象から除外されたのです。それはレズビアンの権利が認められたからではなく、存在が否定されたからです。ゲイについては、ソドミー罪や公的領域からの排除といった抑圧が目に見える形で作用したため、20世紀初頭と1970年代にゲイ解放運動が盛り上がりました。これに対して、レズビアンは、社会においてもゲイ解放運動の中でも「見えない存在」とされがちでした。ゲイとレズビアンの間には、「中心—周縁」という非対称な関係（ジェンダー不平等）が存在したのであり[13]、それは現代にも尾を引いています。

「トランスジェンダー」という言葉そのものは1965年の造語とされます。しかし、異性装者（トランスヴェスタイトやクロスドレッサー）や性別越境者には多くの文化で独自の呼称や特有の役割が与えられてきました[14]。キリスト教社会では、厳しい同性愛禁忌があり、異性装も禁止されていましたが、異性装や性別転換は極刑にはなりませんでした。兵士として長く暮らした男装女性の物語が伝えられていますし、男性と偽って女性と結婚したとして投獄された女性が牢獄内で女性と結婚した例も知られています。罰は追放刑でした[15]。仏教や日本神道には、同性愛禁忌も異性装否定もありません。インドでは、ヒジュラと呼ばれる女装男性（あるいはMtFトランスジェンダー）が、寺院に属して婚姻や出産行事にかかわってきたことは有名です[16]。アメリカ先住民の文化にも、性別越境男性が宗教的行事を担っていた例が知られています[17]。アフリカにも「女性婚」という風習がありました[18]。このような異性装文化や性別越境文化は、近代以降、同性愛と混同され、病理化されていきます。それぞれの文化のなかで一定の役割を認められていたトランスジェンダーは、1980年、「性同一性障害（GID）」という名の精神障害として、精神医学界で世界的基準として用いられているDSM（『精神障害の診断と統計の手引き』）で用いられました。その最新第五版（2013年）ではGIDの用語は消え、代わって「性別違和症候群」という語が用いられるようになっています。[19]

ＬＧＢＴＩのなかで、もっとも「見えにくい存在」とされてきたのが、「インターセックス」です。２０１６年にマルタが「ヨーロッパ・レインボウマップ」（ＩＬＧＡ）でトップに躍り出たのは、２０１５年４月に「性自認・ジェンダー表現・性的特徴法」[20]が成立したからです。性分化疾患の子どもについては、本人のインフォームド・コンセントが可能になるまで、医学的介入を禁止する旨が明記されました。また、第３条では性自認の尊重が定められています。国連でも、近年ようやくインターセックスへの配慮が本格化しました。国連12機関の共同声明のタイトルが「ＬＧＢＴＩ」であったのは、こうした動きを象徴していると言えるでしょう。ＬＧＢＴＩに対する包括的な権利保障のあり方を示したジョグジャカルタ宣言（２０１３年）でも、本人の意思に反して身体変更が行われない権利の保障が謳われています。なお、インターセックス当事者の中には、ＬＧＢＴＩと一括されたり、性的マイノリティに含まれることに強い違和感を覚える人もいることには注意が必要です。

4　日本社会とＬＧＢＴＩ

日本では、トランスジェンダーに関する記述は古くから一貫して見られます。日本神話に女装（ヤマトタケル）や男装（神功皇后）が語られていますし、白拍子は男装の女性芸能者でした。江戸期の歌舞伎における女形は、日頃から女性として暮らす性別越境者であり、浮世絵などでは美人女性と並んでもてはやされました。[21]また、日本は、同性愛／同性間性交に対する差別法や宗教的迫害の歴史をほとんどもっていません。しかし、宗教や法という「見える」差別がなかったことは、差別や排除が存在しなかったことを意味するわけではありません。日本に関しては、ＬＧＢＴＩに対して無自覚になされる「見えない」差別こそが問題なのです。では、そのような「見えない」差別は、いつごろから日本社会に広まったのでしょうか。それは20世紀になってからのことであり、とくに１９７０年代以降でした。

日本で同性愛の記録がはじめて登場したのは、12世紀の平安末期です。１１４６年、摂関家に属する男性貴族（藤原頼長）が3年来恋慕していた男性と「本意を遂げた」と日記（当時の日記は公表を前提にしています）に書き記しています。後白河院の時代（12世紀）には、院をめぐる男色関係が政治に大きな影響を与えたとされます。院の寵愛を受けた者が諸国の国司を歴任して富裕になり、しばしば、高い官職を得たからです。また、宮廷では男女が分離されており、男女を問わず、宮廷で働く者たちの間に同性同士の親密な関係が結ばれるのはごく普通のことであったと考えられます。[22]公家や寺社で、稚児文化が発展したこともよく知られています。

武家社会もまた、このような同性愛文化を否定しませんでした。[23]15世紀初頭、第四代将軍足利義時が近習を寵愛したことは有名です。１６０３年に成立した江戸幕府では、歴史上男色がもっとも流行し、規制ももっとも厳しくなったのですが、将軍や大名が小姓を寵愛する風習は消えず、庶民の間でも男女それぞれの同性愛文化が栄えました。[24]主従関係と矛盾しない限りで、男色関係は主従の契りを強化すると考えられたのです。

欧米とは異なり、日本では、あくまで男性間の非対称な関係を前提として男性同性愛が許容されたことには注意が必要です。近代以降も、伝統的な父権制的家父長制が継続し、家制度が国家の基礎とされた日本では、「市民男性の平等」理念と結びついた「公私分離」原則や「男性性」賛美が徹底せず、結果的にそれらが同性愛嫌悪の原因となることはありませんでした。明治になっても、森鷗外は、男色を硬派男性の美学として称えています。

このような状況が変わるのは、大正期にヨーロッパから「変態性欲」論が輸入されたころからです。男性間同性愛を「軟弱」として否定的にとらえる傾向が強まりましたが、徹底はしませんでした。西洋とは異なり、日本では、男性同性愛が市民の対等性を損ねるとして忌避されることはほとんどなかったのです。日本では同性愛と同志愛は共存し、ホモフォビアは「ウィークネスフォビア」の性格を帯びていきました。日露戦争（1904～05）から太平洋戦争（1941～45）にかけて鼓舞された「男らしさ」は、西洋的な「兄弟＝市民男性（自律的個人）」の「市民的名誉」とは異質であり、天皇制家族国家における「息子」として「忠孝」と結びついた「男らしさ」だったのです[25]。他方、女性間の同性愛傾向は家父長制を脅かさない限りで（女性が異性婚を受け入れる限りで）、「百合」や「S」として美化・文芸化されました[26]。

1970年代になると、日本の状況は大きく異なっていきます。当時、アメリカでゲイ解放運動が高まり、『薔薇族』（1971年刊行）をはじめとして日本でも複数のゲイ雑誌が登場しました。一方、戦前まで女装男娼に対する蔑称であった「オカマ」（肛門性交の意）が、1970年代にはマスメディアを通じて広がりはじめ、1980年代になると、トランスジェンダーや女装しないゲイ、女性的な異性愛男性までも「オカマ」と呼ばれるようになりました。(27)「オカマ」という蔑称がもたらした「負」のイメージ効果は絶大で、多くのひとに、ゲイとトランスジェンダーを混同させ、「差別」と感じさせない「見えない」差別を内面化させていったのです。また、1970年代の日本は「国民皆婚」時代となり、専業主婦も増加しました。性別役割分担規範と異性婚主義は、1970年代の産物だったのです。

1970年代以降、欧米では、ソドミー罪廃止（1970年代）、クィア理論の登場（1990年代）など、次々と新しい動きが進みますが、日本ではこれらの動きは停滞しました。日本では、戦後の民法改正でも残された養子縁組（普通養子縁組）によって同性カップルがカミングアウトすることなく「親子」になることができるという特有の法制度が存在しました。その結果、同性カップルの権利運動は、欧米に比べると社会的な広がりを欠いたままとなります。(28)一方、1968年のいわゆる「ブルーボーイ（女装男娼）事件」により、日本では性別適合手術が事実上行えなくなりました。日本社会は、トランスジェンダーの権利を著しく侵害したまま1990年代を迎えることになります。

1990年代後半には、日本もまた、北京会議（1995年）で主唱された「ジェンダー主流化」の波に乗るかに見えました。夫婦選択別姓を盛り込んだ民法改正要綱の策定（1996年）、ハラスメント規定を盛り込んだ均等法改正（1997年）、男女共同参画社会基本法の成立（1999年）に続いて、親密関係に介入する法（DV防止法、児童虐待防止法、ストーカー規制法など）も矢継ぎ早に制定されたからです。「府中青年の家」事件では原告アカー（動くゲイとレズビアンの会）が勝訴しました（1997年東京高裁）。しかし、2002~2003年には、いわゆる「ジェンダー・フリー・バッシング」が生じ、「家族主義」への回帰が強まっていきます。2003年には、東京都議会で、N養護学校における障がい児童生徒向けの性教育が「過激な性教育」として中止に追い込まれてしまいました。超党派議員立法である性同一性障害者特例法（2003年）は、そのような背景で成立したのです。その結果、特例法は、性の多様性を認める内容をもたず、トランスジェンダーを異性愛主義的な性別二元社会に適合させることを目指すものとなりました。

特例法は、日本ではじめてのそしていまなお唯一のLGBTI法ですが、成立当時から周回遅れの法であったことは否めません。同法の名称や内容は、1980年成立のドイツトランスセクシュアル法とほぼ同じです。しかし、ドイツでは、2000年前後の憲法裁判で性別変更要件に次々と違憲判決が出され、現在では、「持続的な性別違和」にもとづいて法的性別変更が可能です[29]。特例法が定める法的性別変更要件として、身体を不可逆的に変更すること（近似要件・生殖不能要件）、結婚していないこと（非婚要件）が定められています。こうした要件は、当事者の権利保障をめざしたものとは言えず、当事者を「男／女」という性別二元社会に適合させること、同性間婚姻を排除することといった「性別秩序／家族秩序」の維持をめざしているものと考えることができます。

特例法によって、たしかに「性同一性障害」という呼称は社会的認知を得ましたが、トランスジェンダー一般への理解はかえって阻害され、差別が助長されたように思われます。本書でも取りあげる通り、トランスジェンダー当事者が自己実現しようとすると雇用・労働現場で軋轢が生じ、経産省事件など多くの訴訟が起こされています。また、国民皆婚の記憶が消えないまま、異性愛主義を疑わない人びとが「善意」で同性愛者の存在やニーズを否定している現状です。わたしたちのすべてが、職場での困難はＬＧＢＴＩ当事者を自殺にまで追いつめるほど深刻であることを真摯に受け止めなければなりません。

5　本書の構成と今後の課題

本書は、ＬＧＢＴＩの包括的人権保障が必要との視点に立ち、その前提たる「生存の基礎」としての雇用・労働における権利保障の方向性を示したものです。全体構成として、全5章の本文に、3件のコラムをつけました。

まず、第1章「ＬＧＢＴの人権保障と労働法」は、本書の総論ともいえる章です。企業の先進的取り組み（第2章）、ＩＬＯの取り組み（第3章）についての紹介に加えて、当事者が直面する「困難」とその法的解決の方法が分析されます（第4章）。また、就職支援（第5章）は、若いＬＧＢＴ当事者のエンパワメントにつながる取り組みを紹介しています。

なお、本書内のＬＧＢＴとＬＧＢＴＩという用語については、執筆者の意向を尊重し、あえて統一を避けました。一般には、ＬＧＢＴがよく知られていますが、国連人権機関ではＬＧＢＴＩがしばしば用いられます。このような用語の多様性を考慮し、執筆者の選択にゆだねることとしました。

２０２０年の東京オリンピック開催に向けて、日本でもＬＧＢＴＩ権利保障の動きが活発になっています。しかし、重大な限界もあります。自民党、民進党びＬＧＢＴ法連合会が提案したＬＧＢＴ法案には、婚姻の性中立化は盛り込まれていません。(30)一方、立憲民主党と共産党の方針では、包括的な権利保障が目指されています。日本学術会議提言で提唱している通り、包括的なＬＧＢＴＩ権利保障が必要です。性的指向や性自認（ＳＯＧＩ）のゆえに、個人がありのままに生き、学び、働き、親密な他者と共同生活を営む権利が侵害されてはなりません。

雇用・労働に関して、国・自治体と企業は、安全な環境での労働を保障し、ハラスメント防止と啓発活動を行う責務をもつべきです。とりわけ、ハラスメント防止に関しては、ＬＧＢＴＩ当事者のみならず、すべてのひとがＳＯＧＩのゆえに偏見や抑圧を受けることがないよう、罰則規定を明示して取り組むことが求められます。(31)雇用・労働の安全が保障されてはじめて、児童生徒・学生も将来に展望がもてるようになります。そして、同性カップルの生存が保障されます。その意味でも、本書が、ＬＧＢＴＩの権利保障に向けて活用されれば幸いです。

本書の出版にあたっては、晃洋書房の吉永恵利加さんにたいへんお世話になりました。深く感謝申し上げます。２０１６年12月のシンポジウムのときに出版のお話をいただき、できるだけすみやかに出版したかったのですが、諸般の事情で遅れたことを編者としてお詫びいたします。日本学術会議Ｌ

GBTI権利保障分科会は、第24期（2020年9月まで）も活動を継続しております。第24期には、包括的なSOGI差別禁止法の制定及びハラスメント法制の整備などを中心に審議し、シンポジウムや提言にてその成果を公表する予定です。今後ともみなさまのご協力とご支援をお願いいたします。

追記

「LGBT元年」とされる2015年から4年たちました。LGBTの権利保障に関して急速に進んでいる局面もあれば、停滞している問題もあります。本文の補足も含め、主に2018年以降の新しい動きについて概観しておきます。

第一に、東京オリンピック（2020年）を射程におきながら、自治体で同性パートナーシップを認める動きが活発になっています。2015年11月に渋谷区・世田谷区を皮切りに導入が始まった同性パートナーシップは、2019年4月時点で20自治体に及びます。とくに2018年4月以降15自治体に上り、そのうち9自治体が2019年4月導入です。札幌市、福岡市、大阪市などの政令指定都市も含まれます。オリンピック憲章は性的指向に基づく差別を明文で禁止しており、このような国際的動向に即した動きと言えるでしょう。

他方、2019年2月には全国一斉に国に対して同性婚訴訟が提起されました。同性婚の是非を正面から問う訴訟は国内では初めてです。「同性婚を認めない民法や戸籍法の規定は婚姻の自由を保障した憲法に反する」という原告の主張に対して、国は請求棄却を求めており、今後の展開が注目されます。

第二に、医療界では、2018年6月18日、世界保健機関（WHO）が「国際疾病分類」最新版（ICD−11）を発表して、性同一性障害が「精神疾患」から外れることになりました。約30年ぶりの全面改定です。性同一性障害は「ジェンダーの不一致／性別不和（Gender Incongruence）」と言い換えられることになり、新たに「性の健康に関連する状態」という章に移されました。これによって、国際的には「性同一性障害」という概念が消滅し、脱病理化が明確になったと言えます。[32] 日本では2018年4月から性別適合手術に保険が適用されるようになりました。今後、性同一性障害特例法の改正も急務となるでしょう。

第三に、LGBTに関する企業研修が活発になり、相談窓口設置、社内規定の整備などに取り組む企業が増えています。[33] また、国連が設定したSDGs（持続可能な開発目標：2016〜2030年）に即して、企業でも「ダイバーシティ推進」の見地からLGBTの権利保障を積極的に進める動きが広がっています。

2017年5月には、日本経済団体連合会（経団連）が「ダイバーシティ・インクルージョン社会の実現に向けて」と題して、LGBTへの適切な理解を促すとともにその認識・受容を進める上での視点と取り組み例を示しました。具体的な取り組み例として、①性的指向・性的自認等に基づくハラスメントや差別の禁止を社内規定等に具体的に明記、②社内の人事・福利厚生制度の改定、③社内セミナー等の開催、④社内相談窓口の設置、⑤ハード面での職場環境の整備、⑥採用活動におけるLGBTへの配慮、⑦LGBTに配慮した商品・サービスの開発、⑧社外イベントへの協力、NPO法人等との連携が挙げられています。[34]

2017年11月（2018年7月23日改訂）には、日本労働組合総連合会（連合）が「性的指向及び性自認（SOGI）に関する差別禁止に向けた取り組みガイドライン〜すべての人の対等・平等、人権の尊重のために〜」を出しています。[35]

２０１８年１月には、厚生労働省「モデル就業規則」にもＳＯＧＩハラスメントが盛り込まれました。２０１９年６月のＩＬＯ総会では、ハラスメント条約が成立する見込みです。ＳＯＧＩハラスメントを含むハラスメント禁止法を制定することが条約批准の条件であり、日本政府は批准に消極的とされますが、国際社会の動向に照らして禁止法制定・条約批准が求められます。

第四に、教育界でも進展がありました。初等中等教育向けには、２０１５年に文部科学省が「性同一性障害や性的指向・性自認に係る、児童生徒に対するきめ細かな対応等の実施について（教職員向け）」という通知を出していました。[36] ２０１８年12月には大学向けに、日本学生支援機構による教職員向け啓発資料「大学等における性的指向・性自認の多様な在り方の理解増進に向けて」[37]がまとめられ、今後、大学におけるＳＯＧＩ対応の重要な参考となります。

第五に、法制化をめぐっては、依然として迷走が続いています。２０１５年３月、超党派の「ＬＧＢＴに関する課題を考える議員連盟」（ＬＧＢＴ議連）が発足しました。しかし、その後、自民党は「理解増進法案」（法案としては提出しなかった）を検討し、野党四党は「差別解消法案」を検討するというように方向性は別れました。[38] ２０１６年、野党の法案「性的指向又は性自認を理由とする差別の解消等の推進に関する法律案」（第１９０回国会衆第57号）は、民進党・無所属クラブ、日本共産党、生活の党と山本太郎となかまたち、社会民主党・市民連合を提出会派として衆議院に提出されましたが、第１９４回国会（臨時会）において、衆議院解散により廃案となりました[39]（２０１７年９月）。

２０１８年12月、野党５党１会派（国民、立憲、無会、共産、社民、自由）共同で衆議院に「性的指向又は

性自認を理由とする差別の解消等の推進に関する法律案」（ＳＯＧＩ差別解消法案）を提出しました。①行政機関等及び事業者における性的指向又は性自認を理由とする差別的取扱いの禁止、②行政機関等及び事業者に対する性的指向又は性自認に係る社会的障壁の除去の実施についての必要かつ合理的な配慮の義務（事業者については努力義務）、③労働者の募集及び採用についての均等な機会の提供、雇用後の各場面における差別的取扱いの禁止、必要かつ合理的な配慮の努力義務。ハラスメントの防止に関する雇用管理上必要な措置、④差別の解消・ハラスメントの防止に関する学校長等の必要な措置（研修、普及啓発、相談体制の整備等）、⑤主務大臣による事業者等に対する報告徴収、助言、指導、勧告（勧告に従わない場合には公表）などが盛り込まれています[40]。同性間の婚姻には踏み込まず、教育と労働における権利保障に焦点が当てられています。今後の行方が注目されます。

注

（1）ＩＬＯ駐日事務所 http://www.ilo.org/tokyo/about-ilo/director-general/WCMS_369578/lang--ja/index.htm
ＩＬＯ事務局長声明（英文）http://www.ilo.org/global/about-the-ilo/how-the-ilo-works/ilo-director-general/statements-and-speeches/WCMS_368652/lang--ja/index.htm（いずれも２０１８年５月３日閲覧）

（2）厚生労働省「働き方の未来２０３５：一人ひとりが輝くために懇談会　報告書」http://www.mhlw.go.jp/file/05-Shingikai-12601000-Seisakutoukatsukan-Sanjikanshitsu_Shakaihoshoutantou/0000132302.pdf（２０１８年５月３日閲覧）

（3）「ＬＧＢＴＩ」という呼称については、ＷＨＯやＩＬＯを含む国連12機関の共同声明を参照。ILO, OHCHR,

UNHCR, UNAIDS, UNDP, UNESCO, UNFPA, UNICEF, UNODC, UNWOMEN, WFP, WHOの12機関です。http://www.ilo.org/global/about-the-ilo/newsroom/statements-and-speeches/WCMS_407967/lang--ja/index.htm（2018年5月3日閲覧）。なお、注（5）の日本学術会議提言も参照。

（4）同性カップルの権利保障については、「特集：セクシュアリティとジェンダー」『日本ジェンダー研究』19号、2016年を参照。収録論文は以下の通り。三成美保「セクシュアリティとジェンダー：性的指向の権利保障をめぐって――総論」、二宮周平「日本における同性パートナーシップと同性婚――その意義、必要性とリスク」、谷口洋幸「日本における同性カップルをめぐる権利保障運動の展開」、堀江有里「日本における同性カップルの権利保障をめぐる可視化戦略の陥穽」、大山治彦「スウェーデンにおける同性間の結婚――わが国における制度設計のために」、香川孝三「コメント：ベトナムにおける婚姻の性中立化をめぐっての動き」、長志珠絵「コメント：近代家族論と反養子言説」。教育については、三成美保編『教育とLGBTIをつなぐ――学校・大学の現場から考える』青弓社、2017年を参照。収録論文は以下の通り。三成美保「はじめに」、三成美保「序章　教育でのLGBTIの権利保障の課題」、岸田英之「第一章　生徒による取り組みの紹介――丹原東中学校の実践から」、中塚幹也「第二章　LGBTI当事者のケアに向けた学校と医療施設との連携」、谷口洋幸「コラム1　LGBT／SOGIに関する包括的な法整備の必要性」、薬師実芳「第三章　多様な性をもつ子どもの現状と教育現場で求められる対応について」、渡辺大輔「第四章　「性の多様性」教育の方法と課題」、岩本健良「第五章　教員採用試験での適性検査MMPIの見直しの必要性」、隠岐さや香「第六章　日本の大学での性的少数者に関する調査結果」、河嶋静代「第七章　大学での性的指向と性自認が非典型の学生支援の課題」、田中かず子「コラム2　性的マイノリティ問題への取り組み――国際基督教大学での実践からみえてきたこと」、高橋裕子「第八章　トランスジェンダーの学生受入れとアメリカの名門女子大学――もう一つの「共学」論争後のアドミッションポリシー」、紙谷雅子「コラム3　トイレ騒動――現在進行形」、戒能民江「おわりに」。

（5）日本学術会議法学委員会社会と教育におけるＬＧＢＴＩの権利保障分科会「（提言）」http://www.scj.go.jp/ja/info/kohyo/pdf/kohyo-23-t251-4.pdf（２０１８年5月3日閲覧）

（6）三成美保「ＬＧＢＴ（性的マイノリティ）の権利保障――差別禁止法・理解促進法の動きと今後の課題――趣旨説明」『ジェンダーと法』15号、２０１８年7月。

（7）ＳＯＧＩ（ソジ）とは、sexual orientation（性的指向）、gender identity（性自認）の略です。

（8）ＬＧＢＴ法連合会「性的指向および性自認を理由とするわたしたちが社会で直面する困難のリスト（第2版）」（ＬＧＢＴ困難リスト）、２０１５年。http://lgbtetc.jp/pdf/list_20150830.pdf（２０１８年5月3日閲覧）

（9）「アンコンシャス・バイアス」については、男女共同参画学協会連絡会作成リーフレット（２０１７年8月）を参照。http://www.djrenrakukai.org/doc_pdf/2017/UnconsciousBias_leaflet.pdf（２０１８年5月3日閲覧）。

（10）同性愛の歴史については、三成美保編『同性愛をめぐる歴史と法――尊厳としてのセクシュアリティ』明石書店、２０１５年を参照。とくに、三成美保「総論」。

（11）「近代的な公私二元的ジェンダー秩序」については、三成美保『ジェンダーの法史学――近代ドイツの家族とセクシュアリティ』勁草書房、２００５年、第二章、第三章を参照。

（12）ドイツ史上、同性愛事件としてよく知られるのは、オイレンブルク事件（１９０６～０８年）とレーム事件（１９３５年）です。皇帝ヴィルヘルム2世は、オイレンブルク伯や彼の友人モルトケやビューローを側近として取り立てて「親政」を始めました。これに対して、ハルデン（ナショナリストのジャーナリスト）は、皇帝を政治に不適な弱々しい「女性」メタファーで語り、オイレンブルクを長とする側近グループ（リーベンベルク円卓）を「男色家の奸臣房」と非難しました。男性同性愛は、「男性同盟」国家ドイツの国益を損なうと見なされたのです。星乃治彦『男たちの帝国――ヴィルヘルム2世からナチスへ』岩波書店、２００６年、67頁。

（13）レズビアンの周縁性については、アドリエンヌ・リッチ（大島かおり訳）「強制的異性愛とレズビアン存在」

同『血、パン、詩、一九七九―一九八五』晶文社、１９８９年参照。リリアン・フェダマン（富岡明美・原美奈子訳）『レズビアンの歴史』筑摩書房、１９９６年。

（14）ロバート・オールドリッチ（田中英夫／田口孝夫訳）『同性愛の歴史』東洋書林、２００９年、ルイ＝ジョルジュ・タン編（金城克哉監修／齊藤笑美子／山本規雄訳）『〈同性愛嫌悪〉を知る事典』明石書店、２０１３年。

（15）ルドルフ・M・デッカー／ロッテ・C・ファン・ドゥ・ポル（大木昌訳）『兵士になった女性たち――近世ヨーロッパにおける異性装の伝統』法政大学出版局、２００７年、95頁。

（16）「ヒジュラ」という語は、現地語ではなく、欧米人がつくり出した「学術用語／メディア用語」であり、地域によって呼称は異なります。國弘暁子「インドの『ヒジュラ』――セクシュアル・マイノリティとしての歴史」服藤早苗／三成美保編『権力と身体』（ジェンダー史叢書第一巻）明石書店、２０１１年、88〜91頁。

（17）オールドリッチ『同性愛の歴史』１４７ページ。

（18）富永智津子『『女性婚』にみるアフリカ社会のジェンダー操作」東海ジェンダー研究所 news letter『リーブラ』no. 59, 2017. 3　比較女性史研究会ＨＰに転載。http://ch-gender.jp/wp/?page_id=16860（２０１９年5月10日閲覧）

（19）三成美保「ＬＧＢＴＩの権利保障――歴史と比較を通して」『歴史地理教育』２０１３年12月号。

（20）The Gender Identity, Gender Expression and Sex Characteristics Act（GIGESC）法律全文は以下を参照（英訳あり）。http://tgeu.org/wp-content/uploads/2015/04/Malta_GIGESC_trans_law_2015.pdf　http://www.parlament.mt/billdetails?bid=494&l=1&legcat=13

（21）三橋順子『女装と日本人』講談社現代新書、２００８年。

（22）木村朗子「クィアの日本文学史――女性同性愛の文学を考える」三成編『同性愛をめぐる歴史と法』。

（23）氏家幹人『武士道とエロス』講談社現代新書、１９９５年、同『江戸の性風俗――笑いと情死のエロス』講談社現代新書、１９９８年。「女と男の時空」編纂委員会編『年表・女と男の日本史』藤原書店、１９９８年の記事も参照。
(24) 鈴木則子「元禄期の武家男色――『土芥寇讎記』『御当代記』『三王外記』を通じて」三成編『同性愛をめぐる歴史と法』。
(25) 内田雅克「ウィークネスフォビアとホモフォビア――『日本男児』が怖れたもの」三成編『同性愛をめぐる歴史と法』、近現代日本の「男らしさ」については、阿部恒久／大日方純夫／天野正子編『男性史』全三巻、日本経済評論社、２００６年、木本喜美子／貴堂嘉之編『ジェンダーと社会――男性史・軍隊・セクシュアリティ』旬報社、２０１０年、Ｓ・フリューシュトゥック／Ａ・ウォルソール編（長野ひろ子監訳）『日本人の「男らしさ」――サムライからオタクまで「男性性」の変遷を追う』明石書店、２０１３年を参照。
(26) 赤枝香奈子『近代日本における女同士の親密な関係』角川学芸出版、２０１１年。
(27) 三橋順子「日本トランスジェンダー小史――先達たちの歩みをたどる」『現代思想』43巻16号（２０１５年）。
(28) 谷口洋平「日本における同性カップルをめぐる権利保障運動の展開」『日本ジェンダー研究』19号、２０１６年、24頁。
(29) 三成注（19）、渡邉泰彦「性別変更要件の見直し――維持可能な要件はあるのか?」『ジェンダーと法』15号、２０１８年。
(30) 立憲、国民、無所属、共産、自由、社民の野党5党1会派が２０１８年12月5日に第１９７回国会（衆議院）に提出した法案「性的指向又は性自認を理由とする差別の解消等の推進に関する法律案」（通称・ＳＯＧＩ差別解消法案）。http://www.shugiin.go.jp/internet/itdb_gian.nsf/html/gian/honbun/houan/g19705012.htm（２０１９年5月10日閲覧）
(31) 公益財団法人　日本スポーツ協会　スポーツ医・科学専門委員会『スポーツ指導に必要なＬＧＢＴの人々への

配慮に関する調査研究』２０１８年。

（32）東優子「トランスジェンダーの医療と人権」『ジェンダーと法』15号、２０１８年。

（33）東優子、虹色ダイバーシティ、ＲｅＢｉｔ『トランスジェンダーと職場環境ハンドブック――誰もが働きやすい職場づくり』日本能率協会マネジメントセンター、２０１８年。

（34）日本経済団体連合会「ダイバーシティ・インクルージョン社会の実現に向けて」（２０１７年5月16日）http://www.keidanren.or.jp/policy/2017/039_honbun.pdf（２０１９年5月10日閲覧）

（35）https://www.jtuc-rengo.or.jp/activity/gender/lgbtsogi/data/SOGI_guideline20180723.pdf?v0723（２０１９年5月10日閲覧）

（36）三成美保編『教育とＬＧＢＴＩをつなぐ――学校・大学の現場から考える』青弓社、２０１７年。

（37）https://www.jasso.go.jp/gakusei/about/publication/__icsFiles/afieldfile/2018/12/07/lgbt_shiryo.pdf（２０１９年5月10日閲覧）

（38）二階堂友紀「政治の現場から」二宮周平編『性のあり方の多様性――一人ひとりのセクシュアリティが大切にされる社会を目指して』日本評論社、２０１７年。

（39）中西絵里「ＬＧＢＴの現状と課題――性的指向又は性自認に関する差別とその解消への動き」『立法と調査』２０１７年11月、No. 394 http://www.sangiin.go.jp/japanese/annai/chousa/rippou_chousa/backnumber/2017pdf/20171109003.pdf（２０１９年5月10日閲覧）

（40）https://www.dpfp.or.jp/article/200892、https://cdp-japan.jp/news/20181205_1153（２０１９年5月10日　閲覧）

第1章
LGBTの人権保障と労働法

金沢大学 名誉教授
名古道功

本章では、LGBT の当事者が働くにあたって直面するさまざまな「困難」を労働法の立場から検討を行い、不当な取り扱いが許されない点、および人権保障の課題を明らかにします。これには、既存の法理論によって解決できるケースがある一方、差別禁止を明記する立法の規制が必要なケースも存します。今後、その雇用・労働における人権保障に向けて、人間の尊厳にふさわしい良好な労働条件と快適な職場環境を実現するには立法制定が求められるとともに、企業実務では、先進的企業の多様な取り組みの普及が望ましいといえます。

はじめに

ＬＧＢＴが急速に注目を集めるのは、渋谷区の「同性パートナーシップ条例」制定（２０１５年４月）がマスコミで大きく取り上げられる２０１５年前後からです。その後、同様の条例は、世田谷区（２０１５年11月）、伊賀市（２０１６年４月）、宝塚市（同年６月）那覇市（同年７月）、札幌市（２０１７年６月）などでも制定されています。

ＬＧＢＴに関する最初の法律は、２００３年７月に成立した「性同一性障害者の性別の取扱いの特例に関する法律」です（２００４年７月施行）。これによって一定の要件の下で、「性同一性障害者」は、家庭裁判所の審判により戸籍上の性別変更が認められることになりました。また戸籍法１０７条の２の「正当な事由」がある場合に名の変更（男性名から女性名、あるいはその逆）が認められますが、「性同一性障害」の場合、ほとんどが許可されています。第三次男女共同参画社会基本計画（２０１０年）は、性的マイノリティに関する人権教育・啓発等の推進を明記しました。文部科学省は、性同一性障害の児童生徒に対する学校での対応例をまとめ、全国の教育委員会などに通知しました（２０１５年４月30日）。学校生活では男女別の規則や活動も多いため、服装、髪形、授業などでの配慮や支援の具体例を提示し、「先入観を持たず、児童生徒の状況に応じた支援を行うことが必要」と強調しています。

また、性同一性障害とともに性的指向と性自認に係る児童生徒に対する対応等を記載した教職員向けの周知資料も公表されています（2016年4月1日）。

雇用・労働に関しては、2012年の電通ダイバーシティ・ラボの調査が公表され[1]、またこれを受けたビジネス雑誌の特集[2]が組まれて徐々にその実情が知られるようになりました。他方、当事者団体による権利保障に向けた取り組みは早くからなされており、後述する通り、先進的企業によるLGBT施策の開始も早いといえます。今日、教育、家族法（同性婚等）などLGBTに関して、多様な分野から研究が進められていますが[3]、本章では、雇用・労働に関して、実情や国内外の動向を踏まえて、特に労働法の立場から考察して、今後の課題を明らかにします。

（なお本章は、本書の総論的な位置づけであるため、他の章と重複する箇所があります。関心のある章から読み始めても理解できるようにするため、特に調整しなかった点を予めお断りします。）

1 実情

昨今のLGBT当事者の雇用・労働への関心の高まりは、さまざまな団体・研究者による実情解明が進められたためといえますが[4]、一方で公的な調査はなされておらず、これは今後の課題です。

日本労働組合総連合会（連合）の調査[5]によると、職場におけるLGBT当事者の割合は8％であり、周囲の理解が不十分なため、カミングアウトした者はさまざまなハラスメントや不当な取り扱いを受けることが少なくないとされます。ここでは、当事者を対象にした調査で実情が鮮明に示されている

「LGBT困難リスト」(6)を中心にして、その「困難」や不利益を紹介します。

(1) さまざまな「困難」

募集・採用

通常、求人に「男女募集」との文言、あるいはエントリーシートに性別記載欄が設けられていますが、特に心と体の性が一致しないトランスジェンダーにとって、みずからがいずれに該当するかに悩み、選択しにくくなっています。また、面接時に性自認をカミングアウトしたら、面接を打ち切られるケースも見られます。トランスジェンダーが性自認に基づき質問に答えたところ、戸籍の性別との不一致を理由とする内定取消のケースも生じています。さらに結婚・子どもを産む予定などを聞かれることがありますが、ゲイやレズビアンの当事者にとっては回答しがたい質問であるといえます。

さまざまなハラスメント言動

職場においてさまざまなハラスメント言動がなされています。カミングアウトしている当事者に対する言動のみならず、同僚が当事者であるとは知らずになされる場合も少なくありません。多くの当事者は、こうしたハラスメントに悩まされ、心の病いを発症するなど深刻な事態が生じています。これには「性的」言動に限らず、さまざまな揶揄なども含まれます。

施設・服装

トランスジェンダーはトイレ・更衣室等の利用にあたって支障が生じます。当事者は、心の性と一致する施設の使用を望みますが、必ずしも受け入れられません。また、戸籍の性と異なる服装での就労が認められず、企業秩序維持を理由として自宅待機や戸籍の性の服装による就労が命じられることがあります。

企業の福利厚生等での取り扱い・法律で認められた制度の非適用

同性のパートナーに関して、慶弔休暇、忌引き、死亡時の見舞金・慶弔金、寮・職員住宅の利用などが認められません。また、法律上の制度では、労災補償での遺族年金や所得税の控除などが適用されません。さらに、育児・介護休業法も適用対象外であり、転勤での育児・介護の考慮もなされません。

ハローワークなど公的機関の対応

就職活動の際、性的指向や性自認にかかわる困難について、就活生の相談や支援を専門的に行う公的機関がほとんどありません。労働局等における相談にあたって、適切な知識がないため、アウティングなどの二次被害が生じかねず、また十分な支援を受けられません。さらに企業等に対する適切な行政指導が不十分といえます。

その他

健康診断等でのデータ管理に問題があり、ホルモン治療が職場に知られたケースが見られます。

（2）当事者に与えるさまざまな不利益

第一に、健康に影響が「あった」あるいは「ややあった」人は全体の40％近くに達します[7]。具体的には、自認する性のトイレが使えず、我慢して膀胱炎になったという声や、職場でカミングアウトができず同僚や上司とのコミュニケーションがうまくいかなくなり、うつ状態になったという声が聞かれました。また、非当事者に比べて睡眠障害やうつ病発症者が多い傾向にあります。

第二に、雇用形態では、非当事者に比べて、パート・アルバイトの割合が高いとされます。とりわけトランスジェンダーに妥当します。このため、年収２００万円未満の当事者は、27・５％に上ります。特に女性の当事者は、男性よりも不利な状況に置かれており、二重の不利益を受けています。

第三に、差別的言動のある職場では、当事者の勤労意欲の低下傾向がみられます。こうした言動がない職場においては、現在の職場で働き続けたい者の割合が62・１％に対し、言動がある職場では51・８％です[8]。

2　ＬＧＢＴと雇用・労働をめぐる動向

(1) 国内の動向

先進的企業の取り組み

２０００年代に入り、大手企業を中心にしてＬＧＢＴの従業員に関する施策が講じられます。代表的な企業は、日本ＩＢＭ、ドイツ証券、ラッシュジャパン、ゴールドマン・サックスなどの外資系企業とともに、野村證券、ソニー、パナソニック、大阪ガスなどが挙げられます。具体的施策は、次の通り多岐にわたります[9]。①基本的人権の尊重およびＬＧＢＴに限定されない一般的な差別禁止の就業規則への明記、②扶養手当、結婚・忌引き休暇、結婚祝い金、育児・介護休暇などに関する異性パートナーとの同等の取り扱い、③ＬＧＢＴへの理解を深めるための研修、④相談体制の整備、⑤採用活動におけるＬＧＢＴへの配慮（担当者への研修、エントリーシートの性別記載の廃止など）、⑥アライ（支援者）活動の推奨、⑦ＬＧＢＴに関連する社外のイベント協力など。

２０１２年に取り組みが開始されたwork with Prideは、企業などの団体において、性的マイノリティに関するダイバーシティ・マネジメントの促進と定着を支援する任意団体です[10]。work with Prideの目的は、「ＬＧＢＴ」の人々が自分らしく働ける職場づくりを進めるための情報や各企業が積極的に取り組むきっかけを提供することです。注目すべきは、日本で初めてとなる、ＬＧＢＴなどの性的マイノリティに関する取り組みの評価指標（「ＰＲＩＤＥ指標」）を策定し、年一回開催されるセミナーにおいて、応募企業の採点結果を公表していることです（詳しくは本書第２章参照）。

当事者等による取り組み

多くのＬＧＢＴの団体が相当以前から活動していましたが、２０１５年、ＬＧＢＴ差別禁止法制定をめざしてＬＧＢＴ法連合会が結成されました。代表５団体には幅広い組織が参加し、「ＬＧＢＴ困難リスト」の策定や、ＬＧＢＴ法制定に向けて法連合法案を公表（２０１５年５月）するなどの取り組みを行っています[11]。

（２）国際的動向

国連・ＩＬＯ

国連では、２０００年以降、議論が活発化し、２０１１年、国連人権理事会において、「人権、性的指向・性自認」決議が採択されました。ここでは、性的指向と性自認が世界人権宣言において差別が禁止された他の事由（人種、皮膚の色、性など）と同様に人権として保障されるため、①人権高等弁務官による調査、②パネルの開催等が決定されています。２０１５年にも同内容の決議がなされ、これに基づき、国連人権高等弁務官は世界規模の研究調査を実施し、これまでに二度、報告書を提出するとともに、パネルを開催しています[12]。

国際労働機関（ＩＬＯ）は、国連の動きを受けて、２０１２年から「プライド・プロジェクト」を立ち上げました。その目的は、雇用や労働の領域における性的マイノリティの権利保障に向けて、その差別について各国の調査研究を行い、有意な包摂を促進するための好事例を提示することです。２０１３年に公表された報告書は、①差別は雇用のすべての段階で継続する、②権利保障の法制は整備されていないことが多く、また法律があっても適用が不十分である、などが指摘されました[13]（詳しくは本書第3章参照）。

ＥＵ

特に性的マイノリティの権利保障が進んでいるのはＥＵです。ＥＵでは、トランスジェンダーにかかわる性自認（gender identity）は、「性」の一形態と捉えられています。リーディングケースは１９９６年判決であり、欧州司法裁判所は、以下の通り判示しました。

「職場における男女平等取扱い指令（76/207/EEC）」のタイトル等では「男性と女性」と表されているが、これは、「性に基づくいかなる差別も許容されるべきでない（no discrimination whatsoever on grounds of sex）」（2条1項、3条1項）ことを意味する。したがって、男女との表記は、当該領域における、欧州共同体法の基本原則の１つである「平等原則」の表現にすぎない。さらに、繰り返し当裁判所が指摘するように、「性に基づく」差別を受けない権利は、裁判所がその遵守を保障すべき基本的人権の1つである。以上のことから、同指令の範囲は、男女いずれかの性に基づく差別に限定すべきでなく、保障が求められる権利の目的と性質に鑑みて、本件のように、関係者の性転換から生じる差別にも適用されねばならない。

性的指向に関しては、ＥＵ運営条約19条1項は、「……理事会は、ヨーロッパ議会の同意を得た後、特別立法手続に従い全会一致で、性、民族または人種の起源、宗教または信念、障害、年齢または性的指向に基づく差別と闘うために適切な行動をとることができる」と定め、差別事由の1つとして「性的指向（sexual orientation）」を挙げますが、これが初めて規定されたのは、１９９９年アムステルダム条約においてです。また２０００年12月に制定されたＥＵ基本権憲章（Charter of Fundamental Rights of the European Union）は、「性的指向を理由とした差別を受けない」権利を明記しました（21条）。さらに、性的指向を理由とした職場における差別を他の差別事由と同等に禁止するのが「雇用と職場における平等」指令（2000/78/EC）です。これによって、性的指向を理由に求職者を不平等に扱うこと、職場で揶揄したり侮辱したりすること、昇進や研修を阻むことなどが禁止されました。加盟国は、本指令を国内法化し、性的指向を理由とした差別を禁止しました。こうした流れの中で、同性婚やパートナーシップ制度を認める加盟国も少なくありません。ただし、国による保障の程度には違いがあり、一番先進的なのはマルタとされています[14]。

3 立法・裁判例の動向

(1) 立法的規制

現在、性的マイノリティに関する労働法上の法規制は存しません。「雇用の分野における男女の均等な機会及び待遇の確保等に関する法律」(以下、「均等法」という。)は「性別」による差別を禁止しており、これは「男女」を意味するので、LGBTに対する適用は想定されていません。ただし、セクハラ指針(「事業主が職場における性的な言動に起因する問題に関して雇用管理上講ずべき措置についての指針」)には、関連する定めが置かれています。均等法11条は、職場における性的言動に起因する問題に関する雇用管理上の措置を定め、セクハラ指針において具体化されています。最近のセクハラ指針の改正によって、職場におけるセクハラには「同性に対するものも含まれる」とされ(平成27年7月1日から適用)、その後の改正(平成28年8月2日厚生労働省告示第314号)において「被害を受けた者の性的指向又は性自認にかかわらず、当該者に対する職場におけるセクシュアルハラスメントも、本指針の対象となる」(平成29年1月1日から適用)とされてセクハラの「対象者の明確化」が図られました。

均等法の規制対象は「性的」言動であるので、本来、LGBTに対するハラスメント言動の範囲は一定程度限定されます。他方、「人事院規則10―10(セクシュアル・ハラスメントの防止等)の運用について」では、セクハラの具体例として、性的言動のみならず、ジェンダーハラスメントも含めます。このため、「性別により差別しようとする意識等に基づくもの」に、「性的指向や性自認をからかいやいじめの対象とすること」を挙げています（平成28年12月改正）。

（２）裁判例

これまでＬＧＢＴが対象となった裁判例は、判例集等に掲載された限りではわずかです（詳しくは、本書第４章参照）。

Ｓ社（「性同一性障害者」解雇）事件（東京地決平14・６・20労判８３０号13頁）

本件は、「性同一性障害」の診断を受けた後、家裁で女性名への変更を認められたＸが、配転の内示に対して、①女性の服装での勤務、②女性用トイレの使用、③女性更衣室の使用を申し出たところ、Ｙ会社はこれを認めず配転命令を発し、また女性の服装を禁止する旨の服務命令にも従わなかったので、懲戒解雇されたケースです。本決定は、いずれも懲戒事由該当性を肯定する一方、配転命令拒否に関しては、Ｙ会社がＸの申し出に対応しなかったことに関して、Ｘがこれに強い不満を持って拒否したのには「それなりの理由がある」としました。服装禁止命令違反については、トランスジェンダーについて一定程度詳しく論じたうえで、Ｘの業務内容、就労環境等について、「双方の事情を踏まえた適切な配慮をした場合においても、なお、女性の容姿をしたＸを就労させることが、Ｙ会社における企業秩序又は業務遂行において、著しい支障を来す」とは認められない以上、懲戒解雇は相当でないと結論づけました。本決定が懲戒事由該当性を肯定した点には疑問が残りますが、トランスジェンダーに配慮している点で注目すべきです。

U社（性同一性障害・解雇等）事件（広島高判平23・6・23労判1148号73頁）

トランスジェンダーであるAが勤務するY_1会社の同一部署に所属する同性（女性）の先輩従業員（Y_2）が、Aにつきまとわれ、リストカットの傷を見せつけられるなどのことで苦慮していること等を理由に会社を退職する意向を表明したところY_1会社は、Aに対し、職場の風紀秩序を著しく乱すものであることを理由とする解雇処分を行いました。その後、Aは自殺します。以上の状況の下で、Aの両親（Xら）が、Y_1会社およびY_2に対して、上記解雇は不当なものであり、Aの自殺は不当解雇が原因であると主張し、不当解雇に及んだY_1会社に対しては、選択的に労働契約債務の不履行又は不法行為に基づき、また、Y_2に対しては不当解雇に導因を与えた不法行為に基づき、損害賠償等を請求しました。

第一審判決（山口地岩国支判平22・3・31労判1148号84頁）は、リストカットなどの行為は風紀秩序を著しく乱す程度に至っていないとの理由から解雇無効とし、Y_1会社に損害賠償を認めました。次に、解雇と自殺との相当因果関係に関して、「性同一性障害」を克服してようやく掴んだ職場を追われることよりも、「職業人として、また人間的にも魅力的な者ら（……とりわけY_2については、単なる尊敬すべき先輩という域を超えた特別な感情を抱いていたとみられる。）との人的なつながりが損なわれることついて、より重大な苦痛を感じていた」ことから、Ａの自殺には、「人的関係の毀損という事情が解雇による失職そのものよりも大きく作用していた可能性は否定できず、本件解雇それ自体が直接にＡに対して自殺の意思を喚起したものと断定することは困難である」として、この点での損害賠償責任を否定しました。控訴審判決は、安全配慮義務違反を理由とする損害賠償請求（控訴審における追加請求）につき、自殺はY_2との人間関係が崩れたことによるものというべきであって、そうすると、Y_1会社がＡに対する安全配慮の義務に違反した事実は認められず、また、解雇とＡの自殺との間に相当因果関係を認めることもできないとされました。また、Y_2の言動の不法行為責任も否定されました（上告不受理・最一小決平24・2・9）。

なお、Ａが自殺したのは、「性同一性障害」を理由に退職を強要されたからだとして、遺族が国を相手に遺族補償年金を不支給とした岩国労働基準監督署の決定取り消しを求めた事件（広島地判平29・1・25）では、同僚への恋愛感情の告白およびその拒絶は強い心理的負荷であったと認めましたが、業務とは関連がないと判断されました。[15]

（3）現在訴訟中の事件

愛知ヤクルト工場事件[16]は、トランスジェンダー（ＭｔＦ）の当事者が、事実上カミングアウトを強制されたケースであり、損害賠償等を請求しています。当事者は、家庭裁判所での女性名変更許可後、上司に対して会社内でトランスジェンダーであることを知られたくないので、従前通り男性名の使用を求めつつ、公的書類（健康保険証、年金手帳等）の名義変更と男性更衣室以外の更衣室の用意を依頼したところ、これを認めず、掲示物や着用品等すべてを女性名に変更し、更衣室の用意もなされませんでした。会社側は、更衣室やトイレに関して配慮する条件として、従業員の前での公表を求め、やむをえずこれに従いますが、その後、適応障害を発症することになります。

経産省事件[17]は、トランスジェンダー（MtF）の当事者が女性としての勤務を申し入れたところ、女性の服装、更衣室、休憩室の使用は認められましたが、トイレは2階以上離れたフロアのそれを使用するとの条件が付されました。その後の協議において、性別適合手術を受けて戸籍上の性別変更手続きを行わないのであれば、今後の異動先における説明会で、自身のことを話して同僚の理解を得なければ女性用トイレの使用を認めないとの条件が示されたため、その処遇の改善を求めて提訴した事件です。

4　具体的ケースの法的検討

上記では、「LGBT困難リスト」などによって当事者が直面するさまざまな事例を紹介しましたが、典型的なケースを既存の労働法理論に基づき検討し、法的解決の可能性と立法的課題を明らかにしておきます。[18]

(1) 募集・採用

三菱樹脂事件最高裁判決（最大判昭和48・12・17民集27巻11号1536頁）によると、使用者に採用の自由が大幅に認められ、「法律その他の規制」がある場合にのみ、これを制限できます。したがって、採用段階においてはこうした規制の存否がポイントになります。現在、均等法、障害者雇用促進法、雇用対策法において、性別、障害、また年齢を理由とする差別が禁止されています。しかし、規制が存しない場合、募集・採用における異なった取り扱いは許容され、また調査の自由も認められており、思想信条の質問も違法でないとされます。最高裁判決に対しては、個人情報保護の動向などを反映して、憲法学や労働法学から批判が強まり、思想信条による採用差別は、憲法14条・公序良俗（民法90条）違反との考えが増えています(19)。

ＬＧＢＴを理由とする採用拒否やこれに関する質問は、憲法13条および14条の趣旨を勘案して公序良俗違反と考える余地が十分にありますが、最高裁判決を前提にすると、明確に違法とするには均等法５条のような禁止規定が不可欠です。

次に、エントリーシートなどに性別の記載を求めるのは、現行法上違法とはいえません。しかし、そもそも均等法では募集・採用における性による差別が禁止されているのですから、性別の記載の制限も検討すべきです。実際、職安の求人票では、性別、年齢の記載欄は存しません。また、マイノリティの人権保障や年齢・性差別の禁止が厳格なアメリカやＥＵ諸国では、人種、年齢、性別の記載欄がないのが通常です。

なお、個人情報保護法が改正され（２０１７年５月30日施行）、「要配慮個人情報」（２条３項）が新たに定められました。これは、「本人の人種、信条、社会的身分、病歴、犯罪の経歴、犯罪により害を被った事実その他本人に対する不当な差別、偏見その他の不利益が生じないようにその取扱いに特に配慮を要するものとして政令で定める記述等が含まれる個人情報」であり、原則として、あらかじめ本人の同意を得ない取得が禁止されます。性的指向や性自認も、同様のセンシティブデータとして「要配慮個人情報」に含むべきではないでしょうか。

(2) 採用内定取消

性同一性障害者特例法に従って戸籍変更している場合、これを理由とする採用拒否は均等法５条違反となります。問題なのは、戸籍変更はしていないが、自認している性別を記載した場合であり、これは「虚偽記載」となり、採用内定取消となるでしょうか。

採用内定取消のリーディングケースである大日本印刷事件最高裁判決（最二小判昭54・7・20民集33巻5号582頁）によれば、「客観的に合理的で社会通念上相当な理由」が存する場合にのみ内定取消が許されます。「虚偽記載」を検討するにあたって参考となるのは、在日朝鮮人事件（横浜地判昭和49・6・19労民集25巻3号277頁）です。ここでは、通称（日本人名）、及び本籍欄に日本の出生地を記入した点が「虚偽記載」に該当して内定取消の合理的理由となるかが問われました。同地裁判決は、在日朝鮮人の置かれた現実にかんがみると、詐称に至った動機は極めて同情すべきであり、「企業に留めておくことができないほどの不信義性は認められない」と判示して、内定取消は許されないと結論づけました。

これを参考にすると、トランスジェンダーの当事者が心の性に基づく性別欄への記載に「不信義性」が認められないのは明白です。しかし、こうした観点からの検討だけでは、不十分です。というのは、後述する通り、トランスジェンダーがみずからの性を自認する年齢には個人差こそありますが、生得のものであり、戸籍＝体の性よりも心の性によるのが、個人としてのアイデンティティに合致して「個人の尊重」（憲法13条）にふさわしいからです。したがって、心の性によるのが「真実の記載」といえます。いずれにしても性別記載自体に根本的な原因があります。

（3）服装等の自由

トランスジェンダー当事者の自認する性による服装規制の是非が問われます。原則として労働者には服装の自由が認められ、その制限は労働義務との関連、すなわち業務上の必要性の有無によって決定され、これが存しない場合、懲戒処分を課せられません。例えば、①学校教師によるノーネクタイでの授業（麹町学園事件・東京地判昭46・7・19労判132号23頁）、②口髭をはやしてのハイヤー運転（イースタン・エアポート・モータース事件・東京地判昭55・12・15労民集31巻6号1202頁）、③茶髪でのトラック運転（株式会社東谷山家事件・福岡地小倉支判平9・12・25労判732号53頁）のケースにおいて、いずれも就業規則の懲戒規定を限定解釈して、処分は許されないと判断されました。ここでは、従業員の人格や自由を尊重し、企業の服務規律権限を制限したといえます。

こうした判例の傾向からすると、トランスジェンダーの場合、一層服装の自由が認められねばなりません。しかし、心の性に合わせた服装こそが本来的な、あるべき姿の装いなのであり、その人たるに値する自然なものである点を強調しなければなりません。

(4) 施設の利用

更衣室・トイレなどに関して、障害者差別解消法および障害者雇用促進法では合理的配慮が求められますが、トランスジェンダーは対象ではないので、企業の裁量に委ねられることになります。もっとも、一般的に使用者には、信義則に基づき配慮義務が課せられており、これを前提にすると、トランスジェンダーの当事者に対しても一定の対応が求められると考えられます。この点を明確にするため、障害者雇用促進法36条の2～36条の4と同様の明文化が求められるとともに、従業員の理解を促進する必要があります。

(5) ハラスメント言動

ＬＧＢＴ（特にＬＧＢ）当事者はカミングアウトしない限り可視化されないため、当事者であると意識せずに揶揄されることが少なくなく、その精神的ダメージは大きいです。上記の通り、現在、当事者に対するハラスメントは、均等法11条2項に基づくセクハラ指針で規制されています。ここでは、どの範囲まで含めるのかは明確でないですが、「性的」言動の趣旨からすると、人事院規則よりも狭くなります。指針との点を考慮し、当面、人事院規則と同内容とすることも可能でしょうが、ハラスメント禁止などを定める法律の制定が求められます。

(6) 福利厚生

扶養手当、慶弔休暇などの福利厚生の内容は各企業で異なり、これらを性的マイノリティに認めるかは、企業の判断に委ねられます。根本的には、同性パートナーや同性婚に対する法規制如何にかかっていますが、不利益取扱い禁止の法規定が設けられると、こうした取り扱いは許されません。当面、同性パートナーにも同等の扱いを認めるように企業の理解を求める必要があります。

(7) 社会保険

社会保険では法律改正ないし行政解釈の拡張が必要です。社会保険における「配偶者」の取り扱い(20)（例、医療保険、年金保険、介護保険、雇用保険、労災保険遺族年金、健康保険での家族扱い）では、法律婚とともに事実婚も含まれることになっていますが、これに同性パートナーは想定されていないからです。このため、「届出をしていないが、事実上婚姻関係と同様の事情にある者」（厚生年金法3条2項等）に関して、共同連帯による「労働者及びその遺族の生活の安定と福祉の向上」の寄与（厚生年金法1条等）

との立法趣旨を考慮して、同性パートナーやトランスジェンダー（戸籍変更していない当事者）も含まれるとの柔軟な解釈を行うか[21]、法律改正が求められます。また生活保護では、これらの者が同一世帯を構成しておれば受給できる点を明確にする必要があります。

5 雇用・労働における性的マイノリティの人権保障の課題

（1）LGBTと人権保障

上記の通り、国連、ILOやEU等は、LGBTを人権として位置づけ、その権利保障を図っています。日本では、これは憲法13条と14条との関係で論じられます[22]。まず、憲法13条は、個人を尊重し、生命、自由及び幸福追求の権利、すなわち個人（人間）の尊厳を保障しています。「個人として尊重」するとは、「個人の尊厳と人格の尊重を宣言したもの」（最大判昭和23・3・24最高裁判所裁判集刑法1号535頁）であり、「一人ひとりの人間を人格として承認し、尊厳ある存在として配慮し、その個性の自由な発展を重んじること」を意味します[23]。これには、個人としてのアイデンティティや自己決定権が含まれます。したがって、心の性と体の性が一致せず心の性を優先させることや、同性愛、両性愛などの性的指向も憲法13条の保障を受けると考えられます。

他方、憲法14条との関係では以下の議論がなされています。同性愛は、生得によるものであって自分の意思で左右できない点に着目して、「社会的な評価をともなう固定的な地位」と理解し、「社会的身分」に該当するとされます[24]。しかし、性的指向には、異性愛のほか同性愛と両性愛、さらに性愛が誰にも向かない無性愛もあり、これは、生得のみならず生育環境にも影響を受け、変化する場合もあると指摘されています[25]。こうした点を考慮するならば、性的指向については、「社会的身分」ではなく、14条で列挙されていないその他の差別事由と解するのが適切と思われます。トランスジェンダーは生得のものと理解されており、「社会的身分」該当性を肯定できますが、性的指向と同様に扱うならば、その他の事由と捉えることもできます。なお、ＬＧＢＴが差別事由に該当するとしても、異性婚などとの異なった取り扱いが合理性のない差別に該当するかは、今後検討を要する課題です。

良好な労働条件と快適な職場環境も重要であり、これは、生存権及び労働権を保障した憲法25条と27条2項に根拠づけられます。

（2）従来の理論・実務の見直しの必要性

「第三の性」・同性パートナーの尊重

伝統的に男女という2つの性や異性愛を前提にして立法や法理論、また企業実務が構築されてきましたが、これでは捉えきれない「第三の性」、あるいは同性パートナーを視野に入れて見直すことが求められます。具体的には、トランスジェンダーにかかわる問題が提起するのは「性の多様性」の尊重であり、これまで何らの疑問が持たれなかったエントリーシート等の性別記載欄の修正・廃止の検討を要します。また、内定取消の是非や服装規制に関して論じましたが、その具体的検討にあたって第三の性に対する深い理解が求められ、男女の性と同一の法的価値を有するとの認識が必要です。また異性愛が原則であり、それ以外は例外との発想では、十分に対応できません。根本的には同性婚や同性パートナーシップの法制化にかかっていますが、先進的企業においてすでに導入されているように、各種の手当や休暇等の付与を異性婚と同等の扱いとすることが望ましいといえます。さらに、伝統的な性別規範に対する考えの変更も求められます。男らしさや女らしさの意識を前提にすると、さまざまなハラスメント言動などの「困難」を当事者に強いることになります。

ＬＧＢＴそれぞれの特性の考慮と理解促進

第一に、ＬＧＢＴすべてに共通する「困難」がある一方、性的指向（ＬＧＢ）と性自認（Ｔ）とは異なる事情があります。上記の通り、ＬＧＢの当事者にとっては、同性パートナーが異性婚の配偶者と同等な取り扱いを受けられない点が問題となります。他方、性自認は、心と体の性の不一致であり、トランスジェンダー当事者の会社での性別を心の性に一致させると、服装、更衣室の利用などが問われます。また、性別適合手術による戸籍変更の有無で異なった考察が必要となる場合が生じます（例、均等法の適用）。

第二に、可視化されていない点として、特に、ＬＧＢは、外観からはわからないことが多く、カミングアウトしている人はわずかです。このため、職場に当事者がいるにもかかわらず、揶揄する発言が行われがちです。まだ一般的にＬＧＢＴに関する企業や従業員の理解度は高くありません。誤解に基づく不当な取り扱いや言動をなくすためには、正確な知見が必要であり、研修などが求められます。当事者が快適に働くにあたって、最も重要なのは周囲の理解である点を改めて指摘しなければなりません。

（3）立法化の必要性

新たな立法の制定

以上検討した通り、現行解釈論によって救済できるケースと立法が必要なケースがあります。前者の場合でも、ＬＧＢＴに関する理解が大前提であり、訴訟になった場合、裁判官にこれが欠けていると、適切な判断は困難です。また、企業実務においても法律が制定されると、働きやすい職場環境の整備の進展が期待されます。立法化の憲法上の根拠として、個人の尊重（13条）、平等原則（14条）、そして良質な労働・労働条件の保障（25条、27条）を挙げることができます。

ＬＧＢＴにかかわる問題は、さまざまな法分野に関連しますが、一人の人間として尊重して生きやすさを保障するには、その理解促進が不可欠です。このため、男女共同参画基本法のような基本法が第一段階として必要となります。ここでは、国、自治体、企業、団体、市民などの責務を定めて、さまざまなレベルでの多様な施策が求められます。差別禁止規定を設けるかには議論がありますが、不当な差別を禁止する規定は不可欠といえます。そのうえで、それぞれの分野における規制が求められます。雇用・労働では、「均等法」を参考にして、募集・採用から定年・退職・解雇に至るまでのすべての段階での不利益取扱いの禁止、ハラスメント言動に対する雇用管理上の措置、紛争解決手段などを定める法律の制定が必要です。特にトランスジェンダーに関して、障害者雇用促進法36条の2等に規定される合理的配慮と同様の規定が不可欠です。なお、あらかじめ本人の同意を得ない取得が禁止される「要配慮個人情報」（改正個人情報保護法2条3項）に「性的指向と性自認」との文言の追加や社会保険等において同性パートナーを配偶者と同等の取り扱いとする規定改正が望まれます。

法律制定には時間を要しますが、とり急ぎの対応としてガイドラインの策定が有効です。これには、以下の点を定めることが求められます。

①性的マイノリティに対する理解促進
②募集・採用に関する差別の禁止
③ハラスメント言動の防止
④福利厚生上の配慮
⑤施設の利用・服装規制に関する配慮
⑥就業規則の整備（理解促進、不利益取扱いの禁止、ハラスメント防止、福利厚生の同等扱い、合理的配慮、施設の利用、服装の自由などに関する規定化の推奨）
⑦社会保険・生活保護における配慮

⑧ハローワーク等公的機関の応対の改善

立法化の動向

２０１８年現在、政党レベルでは、自民党案と野党案が提案されています。自民党は、「性的指向・性自認に関する特命委員会」（古屋委員長）を設置して検討を進め、「基本的考え方」（２０１６年５月24日）を公表するとともに、法律案要綱を作成しました。前者は、基本的考えとともに、政府に対する33項目の要望を記載します。後者は、理解増進法（概要）との名称が示す通り、理解促進を目的とした諸施策を講じることが重要とされ、禁止規定は設けられていません。これは、当事者・有識者、政府、企業のヒアリングの結果、「必要な理解が進んでいない現状の中、差別禁止のみが先行すれば、かえって意図せぬ加害者が生じてしまったり、結果として当事者の方が孤立する結果などを生む恐れがあることが明らかにされた」ためです。

これに対して、野党は、２０１６年5月、民進党、社会民主党、日本共産党、生活の党と山本太郎となかまたちの「性的指向又は性自認を理由とする差別の解消等の推進に関する法律案」を国会に提出しました。その特徴は、以下の通りです。第一に、基本法と個別法（雇用と教育）とを合わせ持った内容です。第二に、差別禁止規定（直接差別のみ）を明記するとともに、合理的配慮を定めています。第三に、国、自治体、企業、国民の責務を定めており、男女共同参画基本法等の一般法と共通する規定を置いています。

こうした野党案は、包括的な内容を有するＬＧＢＴ法連合会案[26]に近いものです。同案の特徴は以下の通りです。第一に、目的として多様性を強調します。第二に、性的指向と性自認の定義を行っています。第三に、差別取り扱いの禁止を明記するとともに、差別の定義、直接差別と間接差別のほか、関係差別と憶測差別、さらに社会的障壁の除去に必要な合理的配慮の履行、ハラスメント言動の禁止まで規定しています。第四に、国・地方公共団体の責務と事業者の責務を定めています。

以上の通り、立法化に動きが見られはしますが、現時点では膠着状態に陥っているといえます[27]。当事者が望む内容の法律制定が期待されます。

おわりに

以上、労働法の観点からＬＧＢＴの雇用・労働に関する法的検討を行いました。今後、日本でもさまざまなレベルでの多様性が進行することは確実です。個人の尊重（憲法13条）を基本とするダイバーシティ社会の実現は、性的マイノリティだけではなく、他の少数者（障害者、外国人等）の権利保障とも密接にかかわり、共通性を有するテーマです。今日、こうした少数者のみならず、女性や高齢者が働きにくい日本的雇用慣行を改革して、多様な人材がその能力を発揮し活躍できる社会の構築が喫緊の政策課題である点を強調しなければなりません。

注

（1）なお「2015年調査」では、LGBT層に該当する人は7・6％、LGBT層の商品・サービス市場規模は5・94兆円と公表されています（http://www.dentsu.co.jp/news/release/pdf-cms/2015041-0423.pdf　2017年10月1日閲覧）。

（2）「日本のLGBT――知られざる巨大市場」『週刊東洋経済』6403号（2012年）、「市場規模5兆7000億円――『LGBT市場』を攻略せよ！」『週刊ダイヤモンド』100巻28号（2012年）、「究極のダイバーシティー　LGBT――あなたの会社も無視できない」『日経ビジネス』1804号（2015年）。

（3）三成美保編著『教育とLGBTIをつなぐ――学校・大学の現場から考える』青弓社、2017年、二宮周平編『性のあり方の多様性』日本評論社、2017年参照。

（4）以下、主な調査を挙げておきます。①LGBT法連合会「LGBT困難リスト」（2015年）、②「よりそいホットライン」電話相談、③NHK「LGBT当事者アンケート調査」（2015年）、④虹色ダイバーシティ（共同研究　国際基督教大学ジェンダー研究センター）「LGBTに関する職場環境アンケート2016」、⑤日本労働組合総連合会（連合）「LGBTに関する職場の意識調査」（2016年）、⑥LGBT総合研究所「職場や学校など環境に関する意識行動実態」（2016年）。

（5）日本労働組合総連合会（連合）「LGBTに関する職場の意識調査」（2016年）。

（6）LGBT法連合会編『「LGBT」差別禁止の法制度って何だろう？』かもがわ出版、2016年、224頁以下参照。

（7）NHK「LGBT当事者アンケート調査」（2015年）。ただし職場に限定されていません。

（8）以上、村木真紀・五十嵐ゆり「企業研修　ダイバーシティの視点」二宮周平編『性のあり方の多様性』（注3）149頁以下、虹色ダイバーシティ調査（2016年）参照。

（9）日本経済団体連合会「ダイバーシティ・インクルージョン社会の実現に向けて」（２０１７年）18頁以下に、企業毎の施策が掲載されています。
（10）ＨＰ参照。http://www.workwithpride.jp/pride.html（２０１６年3月1日閲覧）。
（11）神谷悠一「ＬＧＢＴ法連合会の設立経緯と地方自治体が性的指向や性自認の課題に取り組む意義」ＬＧＢＴ法連合会編『「ＬＧＢＴ」差別禁止の法制度って何だろう?』（注6）6頁以下参照。
（12）谷口洋幸「国際人権法における性の多様性」二宮周平編『性のあり方の多様性』（注3）２４１頁以下参照。
（13）木村愛子「ＬＧＢＴＩの雇用と労働に関するＩＬＯの政策」『世界の労働』1号（２０１７年）10頁以下。
（14）三成美保「ＬＧＢＴ／ＬＧＢＴＩの権利保障——現状と課題」労旬１８７５号（２０１６年）8頁以下、Europe Magazine 2015/04/06 参照。
（15）毎日新聞２０１７年1月26日付記事参照。
（16）労働法律旬報１８７５号（２０１６年）28頁参照。本文の事実概要は原告の主張によります。
（17）労働法律旬報１８７５号（２０１６年）30頁参照。本文の事実概要は原告の主張によります。
（18）内藤忍「性的指向・性自認に関する問題と労働法政策の課題」季刊労働法２５１号（２０１５年）6頁以下参照。
（19）名古道功「採用の自由——三菱樹脂事件」『労働判例百選』有斐閣、２０１６年、18頁以下参照。
（20）配偶者加給年金や遺族年金等を受給できます。
（21）肯定する見解として、濱畑芳和「ＬＧＢＴの抱える生活問題と社会保障に関する諸論点」龍谷法学49巻4号（２０１７年）１２７０頁以下、二宮周平「同性パートナーシップの公的承認」二宮編『性のあり方の多様性』（注3）21頁以下。
（22）なお、婚姻は「両性の合意」に基づいて成立すると定める憲法24条との関係では、同性婚が禁止されているのかが論じられています。

(23) 長谷部恭男編『注釈日本国憲法（2）』有斐閣、２０１７年、69頁（土井真一執筆）。
(24) 赤坂正浩「同性愛の自由」棟居快行他編著『基本的人権の事件簿』有斐閣、２０１５年、34頁。
(25) 中里見博「同性愛と憲法」三成美保編『同性愛をめぐる歴史と法』明石書店、２０１５年、95頁以下。
(26) ＬＧＢＴ法連合会編・前掲書（注６）２４４頁以下。
(27) 二階堂友紀「政治の現場から」二宮編『性のあり方の多様性』（注３）72頁以下参照。

コラム1

職場や学校での通称

弁護士 榊原富士子

人は誰しも自分らしい名前をなのりたいと思っています。例えばＦｔＭの人の場合、戸籍上の女性をあらわす名前を男性的な名前に変えたいと望むのは当然のことでしょう。こうした場合に、戸籍法107条の2は、正当な事由がある場合に家庭裁判所の許可を得て名を変更できるとしており、戸籍名自体を変更する方法があります。例えば、性同一性障害であり女性として生活している人が、9カ月余り女性名を使用し、名の変更を申し立て、「性別アイデンティティーの維持や社会生活における本人確認などに支障をきたしている」として許可された例があります（高松家庭裁判所2010年10月12日決定）。

一方、こうした戸籍上の法的手続きはとってはいませんが、戸籍名と異なる性自認にふさわしい名をなのりたいという場合に、通称使用という解決方法があります。ただし、現在のところ、通称の使用の可否は、職場や学校によりまちまちであり、大学で、学籍簿や学生証に男性名としての通称を記載することが認められず、個別に教授と交渉することにも力つき、1年で中退をしたという人もいます[1]。

一方、通称名の使用を認めるルールをすでに作って運用している組織は少なくありません。例え

ば、京都大学では、学籍や学位記まで通称名の使用が認められています。(2)

「通称」をめぐっては、配偶者のＤＶから逃げて新たな生活を始める場合や婚姻前の姓を使用したい場合などの問題として、先行して、その保護が拡大してきた経過があります。これらの場合については、例えば、通称での健康保険証作成や通称での通学が、個別に認められてきていました。市町村あるいは都道府県立の学校の教員については、すでに１９９０年頃から、通称使用を認める通知を出している自治体もありました。もともと、健康保険証上の氏名の表記は、市町村や健康保険組合など保険者の判断に任されており、戸籍名を表記することを義務づけた法令はありません。学校の学籍簿、学位、学生証、成績表、内申書、企業活動、名刺など、学校や職場で日常使用する書面についても、戸籍名の記載を義務づけた法令はありません。商業登記簿の役員欄でも、２０１７年よりすでに通称である婚姻前の姓を併記することが認められています。

大きな組織であっても、雇用者や学校法人側が、一か所、戸籍名と通称の関係を記録しておけば、その人物の同一性の把握は可能であるといえます。

氏名の保護の大きな端緒となったのは、「氏名は、社会的にみれば、個人を他人から識別し特定する機能を有するものであるが、同時に、その個人からみれば、人が個人として尊重される基礎であり、その個人の人格の象徴であって、人格権の一内容を構成するというべきものである」としたＮＨＫ日本語読み訴訟です（最高裁判所１９８８年２月16日判決）。通称については、大学教員が自身の属する大学に対して通称使用を求めて訴えたＴ大学事件の東京高等裁判所における和解（１９９８年３月27日和解）をきっかけに、科学研究費の申請ほかにおいて、研究者にとっての通称使用が一気に広がりました。こうした機運を受け、２００１年には、「国の行政機関での職員の旧姓使用について」とする通知を国が発し、国家公務員につき、本人の申し出がある場合、職員録、人事異動通知書ほかで広く通称使用が認められるようになりました（２００１年7月11日各省庁担当課長会議申合せ）。その後、労働者が勤務先企業を訴えた事案において、大阪地方裁判所は、「そもそも自己に対しいかなる呼称を用いるかは個人の自由に属する事項であることからすれば、合理的な理由もなくこれを制限することは許されない。（中略）通告書という形式で、被告Kが、原告に対し、婚姻姓の使用を命じたことは、原告の人格権を違法に侵害するものであるから、これは被告らによる原告に対する不法行為となる（民法７０９条）」とし、一定期間の継続使用という条件を特に課さず、通称の使用を認めないことは「人格権」の侵害にあたるとしました[3]（大阪地方裁判所２００２年3月29日判決）。

さらに、２０１６年、通称使用を禁じられた教員が学校法人を訴えた事案では、一審の東京地方裁判所は、通称として婚姻前の氏を使用する利益は、法律上保護される利益であり、これを違法に侵害した場合には不法行為（民法７０９条）が成立しうると判断しました[4]（東京地判２０１６年7月1日、結論は原告敗訴）。控訴審では、通称を認めることによる学校側の不利益と、認めないことによる教員の不利益を具体的に比較考量して判断しようとする訴訟指揮がなされ、２０１７年には学校が全面的に通称の使用を認める和解が成立しました[5]（東京高裁平成29年3月16日和解）。２０１７年9月からは、判決において裁判官が旧姓を通称として使用することも可能となりました。

性別違和の場合にも、論理は同じです。恣意的に通称を何度も変更することは認められませんが、真摯な申請については、医師の診断書などを必要とせず通称の使用が認められるべきであり、そのためのガイドラインや社内規定の整備がすすむことを願っています。

注

（1）http://life.letibee.com/university-nickname/
（2）三成美保編著『教育とＬＧＢＴＩをつなぐ――学校・大学の現場から考える』青弓社、２０１７年、27頁。
（3）労働判例８２９号91頁
（4）労働判例１１５０号5頁
（5）http://genderlaw.jp/hanr/other/other3.html

第 2 章

LGBTが働きやすい職場づくりへ向けた企業の取り組み

特定非営利活動法人 虹色ダイバーシティ 理事長

村木真紀

All About［セクシュアルマイノリティ・同性愛］ガイド
株式会社アウト・ジャパン 取締役

後藤純一

本章では主に、LGBT を取り巻く日本の職場環境の現状、企業が LGBT 施策を行う理由、これまでの企業の取り組み事例、今後の方向性について、取り扱います。世界の時流やそれが日本に与える影響、東京オリンピック・パラリンピックとの関係、職場に限らず LGBT が生涯にわたって直面しがちな社会的困難など、企業の動きの背景についても言及しています。

本章は、特定非営利活動法人 虹色ダイバーシティの理事長村木真紀が、2016年12月11日に日本学術会議で行った講演「LGBT が働きやすい職場づくりへ向けた企業の取り組み」の内容に基づき、ライターの後藤純一の協力を得て、さまざまなデータや資料を織り交ぜながら、加筆修正を加えたものです。

※特定非営利活動法人　虹色ダイバーシティ

LGBT の働きやすい職場づくり、生きやすい社会づくりをミッションとし、調査研究、そのデータに基づいた企業／行政の取り組み支援、情報発信を行っています。メディアからの問い合わせも多く、LGBT に関する適切な表現など、記者の質問に真摯に答えていくことで正しい情報を広める役割を担っています。団体としては、2015年に「Google インパクトチャレンジ賞」、2016年に「第４回 日経ソーシャルイニシアチブ大賞 新人賞」を受賞。代表の村木真紀は、2016年に『日経ウーマン』の「ウーマン・オブ・ザ・イヤー2016 チェンジメーカー賞」を受賞しています。

1　ＬＧＢＴを取り巻く日本の職場環境の現状

（1）ＬＧＢＴに関連した訴訟が続発

近年、職場環境をめぐるＬＧＢＴ、主にトランスジェンダー関連の訴訟が続発しています。

・国家公務員のトランスジェンダー女性の職員が、女子トイレの使用などをめぐって訴えを起こしています。

・食品工場勤務の従業員が、男性から女性へ性別を移行することを理解してもらうため、上司に性同一性障害の診断書を提出したところ、全従業員の前でカミングアウトを強制され、精神的苦痛からうつ病を発症、休職したのち、復職後は不当な配置転換をされたとして、裁判を起こしています。

・某スポーツクラブに通うトランスジェンダー女性（子どもがいるため戸籍上の性別変更ができない）の会員が、女性の更衣室を利用できるか尋ねたところ、「他の利用者が不快に思わないよう」男性の格好での利用を強制され、念書まで書かされました。この差別的な対応に対し、会員はスポーツクラブを訴えました（２０１７年に和解）。

従業員や消費者としてのＬＧＢＴ当事者と企業のトラブルが、訴訟にまで発展してしまうことの背景には、企業（または官庁）がＬＧＢＴのかかえる社会的な困難を理解していないため、当事者の気持ちに寄り添う対応ができていないことがあります（詳しくは本書第4章参照）。私たちの元にはこうした訴訟とよく似たトラブルの相談がたくさん寄せられています。これらの訴訟は本当に氷山の一角です。今まではほとんどの当事者が泣き寝入りをしていましたが、メディアでこうした訴訟が大きく取り上げられていることから、今後は徐々にトラブルが表面化していくことでしょう。ＬＧＢＴを公正に扱うことが当然とされる時代にあって、企業として何もせずにいることこそが、これからは法的リスクになる、と私は考えています。

(2) ＬＧＢＴが感じている職場での困難

虹色ダイバーシティが国際基督教大学ジェンダー研究センターと共同で行った調査「ＬＧＢＴに関する職場環境アンケート」（２０１４～２０１６）の結果から、ＬＧＢＴが職場においてさまざまな困難を感じていることが明らかになっています。

- 求職時に困難を感じると回答した人がＬＧＢで44％、Ｔで70％に上っている（２０１６）
- 差別的言動が頻繁にあると回答した人が当事者で58％、非当事者で29％（２０１６）
- 差別的言動がある職場は、勤続意欲が低い（２０１４～２０１６）

これらのデータは、ＬＧＢＴ、とりわけトランスジェンダーの就職の難しさを浮き彫りにしています。たとえ就職できたとしても、職場でＬＧＢＴを嘲笑するなどの差別的言動が横行していると、職場の人間関係が悪化し、勤続意欲が低下し、離職につながる恐れもあります。

・うつを経験したことがあるＬＧＢは25％、Ｔは35％（２０１５）
・トランスジェンダーで排泄障害の経験がある人は27％、健康診断を受けていないという人が20％（２０１５）
・年収２００万円未満の当事者が27・5％（２０１６）

職場で差別的言動やセクハラにさらされることのストレスなどもあり、メンタルヘルスが悪化するＬＧＢＴは少なくありません。また、トランスジェンダーの中には、職場で自認する性別のほうのトイレを使用できず、我慢した結果、排泄障害を患う方もいれば、男女別の職場の健康診断を受けられない方もいて、身体の健康にも悪影響が出ています。ＬＧＢＴが働きにくい職場環境であることが、当事者が貧困状態に陥る要因にもなっています。

このアンケート調査は、3ヶ年で約５０００人の当事者から回答を得ており、こうした厚みのデータはなかなかないと国際的にも評価されています。ただし、このアンケートの対象者は無作為抽出ではなく、虹色ダイバーシティのホームページなどのリンクから、もともと職場の問題に関心の高い人

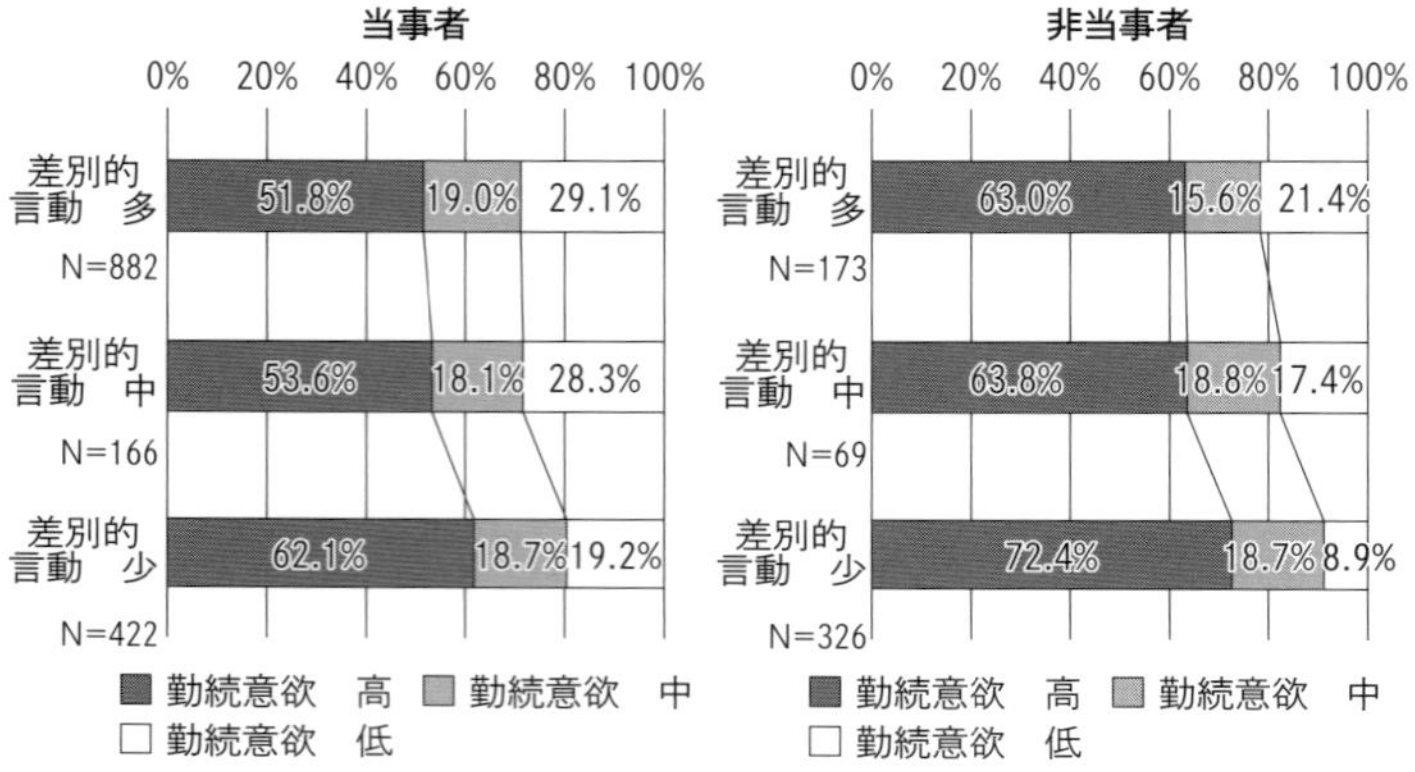

✓職場で差別的言動が少ないと感じている人のほうが、勤続意欲が高い人の割合が高い

図１　差別的言動と勤続意欲

が答えている傾向がありますので、その分のバイアスはかかっています。

もう少し詳しくデータを見てみましょう。

まず、差別的言動と勤続意欲の関連については、職場で差別的言動が少ないと感じている人のほうが、勤続意欲が高い人の割合が有意に多くなっています。（図１参照）

では、職場での差別的言動とはどのようなものでしょうか。

アンケートの自由記述欄に書かれた事例は、以下のようなものです。「ホモ、オカマ、レズ」など、多くの当事者が差別的と感じる用語、「オネエって気持ち悪い」などといったテレビのタレントの話題、特に独身の男性に対して「オネエなの？」といった噂をすること、社内でＬＧＢＴに関するニュースや研修の情報が流れた際に「うちの会社にはいないよね」などと存在を否定すること、中性的な見た目の従業員やお客様に対して「あの人、男？ 女？」などと性別を詮索すること、宴会で女装して笑いを取ること。こうした言動を差別的言動として考える当事者が多いということがわかりました。

私たちが意外だったのは、「結婚しないの？」、「子育てをして一人前だ」、「早く彼女つくったら？」などとしつこく言ったり、男／女らしくない、男／女ならこうあるべき、などと性別役割分担を強制するような、一般的にもセクハラ（あるいはプライバシーの侵害）とされている内容について差別的言動だと書く当事者が多かったことです。こうした言動は、当事者でなくてもいやだと感じる人が多いと思いますが、ＬＧＢＴにとっては、よりつらいこととして受け止められがちです。自身のアイデンティティに直結している分、敏感なのです。

⑶ LGBT施策に取り組む日本企業が増加

大手企業を対象にしたアンケート調査「東洋経済　ＣＳＲ調査」では、２０１４年から、「何らかのＬＧＢＴ施策を行っていますか」という設問が盛り込まれるようになりました。初年度は80社にとどまっていましたが、２０１８年版では、３０９社（全体の３割強）と、約３・９倍に増えています。（「ＬＧＢＴについての基本方針があるかどうか」という設問については、１１４社→２８５社と、約２・５倍になっています）

日本では現状、企業に対してＬＧＢＴ差別の解消を義務づける法律はありませんが（２０１７年１月より人事院規則が改正され、国家公務員については性的指向や性自認に関する差別的言動もセクハラだと明文化されました）、それでもＬＧＢＴ施策を始める会社は増えています。

いったいなぜ、法律もないのに、多くの企業が取り組むようになってきたのでしょうか。

１つは、対従業員という側面です。この少子高齢化・生産年齢人口減少の時代において、企業では人材の確保が急務となっています。その会社が差別的でＬＧＢＴを排除しているとしたら、社内に20人に１人以上の割合でいるであろうＬＧＢＴの従業員やその周囲の人が、ストレスでメンタルヘルスを悪化させたり、チームワークがうまくいかず、生産性を低下させたりしてしまうことにつながります。また、転職できる人であれば、その会社を辞めて、よりＬＧＢＴフレンドリーな会社に行こうと考える人も当然いますから、優秀な人材から流出していくおそれもあるわけです。離職を防止し、人材を確保すること、生産性の向上を図るという必要性から、ＬＧＢＴへの取り組みに乗り出す企業が増えているのです。

もう１つは、対顧客・投資家の側面です。ＣＳＲやダイバーシティ推進をしっかりやっているというアピールによって企業価値を上げる、ブランディングにつながるという意味合いもありますが、そもそもの話として、当然、取引先や顧客、投資家にもＬＧＢＴやアライの人たちがいますから、ＬＧＢＴ差別を黙認して何も手を打っていないような企業とＬＧＢＴフレンドリーな企業を比べた時に、どちらと仕事をしたいか？という話になります。広い意味でのマーケティングでもあるのです。

欧米に本社がある外資系企業は、日系企業に比べていち早く、ＬＧＢＴ施策を実施してきました。

海外本社からの指示もあるでしょうが、私は離職防止（リテンション）の意味合いも大きいと思います。外資系企業に勤務する方のほうが転職に抵抗感がなく、同じ雇用条件であればＬＧＢＴフレンドリーなほうを選ぶ、という方もいるからです。

海外に目を向けてみると、今や欧米の主要な国のほとんどで同性婚や同性パートナー法が認められ、職場でのＬＧＢＴ差別が法律で禁止されている国も多いですから、グローバル企業ですと、日本の支社だけＬＧＢＴ差別が横行し、同性パートナーの権利も一切認められないというのは問題であるというふうに見なされます。

観光産業やウエディング関連産業では、社内施策だけでなく、すでにＬＧＢＴ向けの商品・サービスも提供されはじめています。こうした先進事例に倣い、今後もさまざまな業種で「ＬＧＢＴフレンドリー」化が進んでいくと予想されます。既存の自社サービスについて、同性カップルを排除していないか、男／女で無条件に分けていないか、といった目線での見直しが必要になるでしょう。

(4) 2020年東京オリンピック・パラリンピックに向けて

２０２０年の東京オリンピック・パラリンピックの開催は、企業がＬＧＢＴに関する取り組みを始めるうえで、ひとつの大きなきっかけとなっています。

東京オリンピック・パラリンピックのパートナー企業の中で、虹色ダイバーシティが社内でＬＧＢＴ研修を実施した、あるいはメディアなどでＬＧＢＴ施策への取り組みを発表している企業は以下の通りです。

ワールドワイドオリンピックパートナー

パナソニック株式会社、トヨタ自動車株式会社、プロクター・アンド・ギャンブル・ジャパン株式会社（P&G）

ゴールドパートナー

東京海上日動火災保険株式会社、日本生命保険相互会社、日本電信電話株式会社（NTT）、野村ホールディングス株式会社、富士通株式会社、株式会社三井住友銀行、日本電気株式会社（NEC）、株式会社LIXILなど

オフィシャルパートナー

全日本空輸株式会社（ANA）、東京ガス株式会社、日本航空株式会社（JAL）、株式会社朝日新聞社、株式会社日本経済新聞社など

2014年のソチ五輪において、ロシアのプロパガンダ禁止法（学校で同性愛について教えたり、街頭で集会やパレードを行うと罰せられる法律）に反発して、欧米各国の首脳が軒並み開会式をボイコットするという出来事があり、その反省もあって、同年、国際オリンピック委員会（IOC）がオリンピック憲章の第6章に「性的指向による差別の禁止」を明記しました。

これを踏まえ、2017年3月に発表された「東京2020オリンピック・パラリンピック競技大

会　持続可能性に配慮した調達コード」では、東京オリンピック・パラリンピックに提供する商品やサービスの製造・流通・ライセンスなどにかかわるすべての企業が、社内でのＬＧＢＴへの差別やハラスメントをなくすこと（社内研修や差別禁止の明文化などのＬＧＢＴ施策の実施）を求められることになりました。ＬＧＢＴに対して差別的な企業はオリンピック・パラリンピックに関与できないと明記されたのは画期的なことです。

2　企業の取り組みの実際

(1) 当事者がLGBT施策として望むこと

実際に企業で働いているＬＧＢＴは、職場環境の改善として何を望んでいるのでしょうか。先述の「ＬＧＢＴに関する職場環境アンケート」のデータを見てみましょう。

セクシュアリティによらず支持が高いのは、「差別禁止の明文化、経営層の支援宣言」です。まずは「我が社はＬＧＢＴを差別しない」と言葉にすることが、ＬＧＢＴ従業員の安心感につながります。

また、ＬＧＢの方は「福利厚生での同性パートナーの配偶者扱い」を強く望んでいますし、トランスジェンダーの方は「性同一性障害を含むトランスジェンダー従業員への配慮」を強く望んでいま

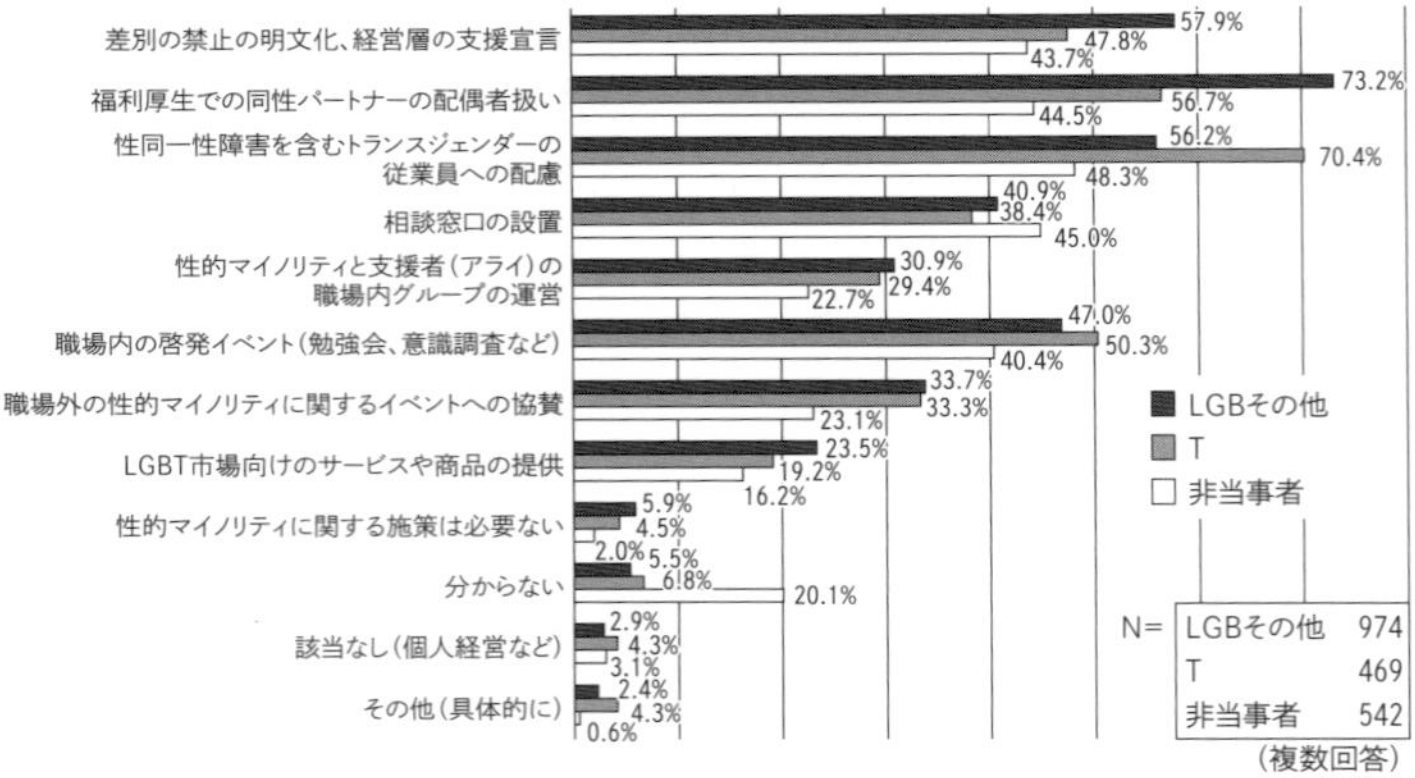

(c)Nijiiro Diversity, Center for Gender Studies at ICU 2016

図2　LGBT施策への希望

す。「職場内の啓発イベント（勉強会、意識調査など）」も支持が多いです。

注意していただきたいのは、唯一、ＬＧＢＴ当事者よりも非当事者のポイントのほうが上回っている「相談窓口の設置」です。ＬＧＢＴは、非当事者が考えるほどこれを望んでいないのです。おそらく、相談のニーズがないというわけではなく、社内でのカミングアウトの難しさが一因だと思います。相談に行くということは、社内の人に自分のセクシュアリティを開示することになりますから、ハードルが高いのです。

(2) 職場環境改善の3つのステップ

では、ＬＧＢＴへの取り組みとして職場でできることはどういうことなのでしょうか。

大まかに分けると、支援体制の整備→社内制度の整備→意識変革、という3つのステップがあります。

支援体制の整備

人事部の方や産業医、採用担当の方、相談窓口の方などがＬＧＢＴ研修を受け、ＬＧＢＴへの理解を深めることが必須です。そして社内でＬＧＢＴ従業員も相談を受けることができる旨を明示、アナウンスしましょう。カミングアウトの難しさもあり、窓口ができてもなかなかドアをノックしてくれないかもしれません。当事者の中には、社内に自分しかいないだろうと思い、孤立無援の気持ちを抱いてしまっている方も多いのです。しかし、いつか訪れるかもしれない当事者従業員のために体制を整えておくこと、「大丈夫だよ」と懐を広げておくことが大切です。

もしも職場内では対応しきれないような専門的な相談内容であった場合は、地域の当事者グループや「よりそいホットライン（電話番号：0120-279-338）」の「性別や同性愛などに関わる相談」をご案内するとよいでしょう。

職場内にＬＧＢＴ従業員のコミュニティやネットワークを立ち上げ、会社としてこれを支援していく、ということも有効です。私たちの調査によれば、職場内で誰かほかの当事者がいるほうが、勤続意欲につながるという結果が出ています。相談窓口と比べ、社内のＬＧＢＴコミュニティのほうが、「同じ当事者だから」「プライバシーが守られそう」という気持ちでアクセスへの敷居が低くなる傾向があります。

社内制度の整備

社内規程や社内ポリシーでＬＧＢＴ差別の禁止を明文化すること。「すべての人を差別しません」では、ＬＧＢＴ従業員は、自分のことはそこに含まれていないと感じてしまいがちです。「性的指向や性自認・性表現による差別」と謳うことが大事です。セクハラやパワハラ、メンタルヘルス施策があれば、そこにもＬＧＢＴのことを盛り込みましょう。セクハラ研修の時にいっしょにＬＧＢＴのことも伝えるとよいでしょう。

会社のトップ、経営層による「ＬＧＢＴ支援宣言」も、とても効果的です。

そして、福利厚生の見直しです。近年、従業員の同性パートナーにも結婚祝い金を出します、慶弔休暇を認めます、同性パートナーの家族の育児休暇や介護休暇を認めます、といった施策を打ち出す企業が増えてきました。法律で守られていない分、同性カップルの権利を企業がカバーしていくという動きは、欧米と同様です（１９９２年にリーバイス社が始め、多くの企業が追随しました）。見た目の性別と戸籍上の性別が一致しない従業員（性別移行途中のトランスジェンダーの方、結婚していたり子どもがいたりして戸籍上の性別変更ができない方、性表現が非典型な方など）が、自身の望むトイレなどの施設を利用できるように保障することも大切です。

意識変革

新人研修などの階層別研修にＬＧＢＴ研修を盛り込んでいくこと、既存の自社商品やサービスの見直し、従業員への意識調査、社内での啓発キャンペーン、社外の当事者団体への支援などが該当します。イントラネットや社内誌にＬＧＢＴに関する啓発資料を載せている企業もあります。最近は、e-ラーニングを活用して全社員にＬＧＢＴ教育を施す企業も増えてきています。

職場の意識を変えるのが、いちばん時間がかかります。先進的な取り組みを見せる企業でも、まだ十分に意識改革が浸透しているとは言えない現状があります。「まだまだ現場がね」というところが多いのです。

大事なのは、ＬＧＢＴのことだけ進めるのではなく、男女平等にもしっかり取り組むこと。今までの男女共同参画や、ほかのダイバーシティ・イシューと一緒に取り組むようにしましょう。男女共同参画やダイバーシティ教育の推進は、ＬＧＢＴ施策の土台です。

（３）ＬＧＢＴへの取り組みにおいて留意すべきこと

こうしたＬＧＢＴへの取り組みについて、どこから手をつけ、どこに重点を置くか、というのは企業によって異なります。Ｂ to Ｃの企業の場合、広く顧客に向けてアピールすることに力を入れるかもしれません。業種によっては、従業員の中に多数のＬＧＢＴがいるため、まずは従業員のために社内の職場環境を整備するという企業もあるでしょう。それぞれの職場で、やりやすいところから始めるとよいでしょう。

とはいえ、顧客向けにいい顔をして（ある意味、お金に直結するところだけ手をつけて）、従業員のための職場環境整備はまったく手つかず、というのでは、LGBTフレンドリーな企業とは言えません。当事者から「LGBTを食い物にしている」と批判され、逆に企業価値を下げてしまう恐れもあります。顧客向け、従業員向け、両方についてバランスよく取り組むことが大切です。

当事者の多様さや繊細さに配慮することも大切です。従業員の同性パートナーに関する福利厚生はしっかりやっているものの、社内のトランスジェンダー従業員への取り組みは一切なく、安心してトイレを使用できないということでは、冒頭で述べたような訴訟にもなりかねません。

多くの当事者は、差別的言動にさらされることを怖れ、なかなかカミングアウトできずにいます。その中で、特にトランスジェンダーにとっては、戸籍上の性別や名前が、他の人に知られたくない、重大な個人情報になりえます。取扱いには留意していただきますようお願いいたします。

（4）企業のLGBT施策を評価する指標

ここで、もう少し詳しく、施策として何をしたらよいのかということを知るために、海外の先行事例を参考にしてみましょう。アメリカ有数の人権団体であるHUMAN RIGHTS CAMPAIGNは、「フォーチュン500」に入るような主要企業に対して一斉に調査を行い、「CORPORATE EQUALITY INDEX」というLGBTフレンドリー度指数として各社の得点を公表しています。この指標では、採点基準が明示されており、最もウェイトが高いのが「LGBTに対する雇用機会均等ポリシー（グローバルで適用）」です。グローバルで適用とは、例えば日本に支社がある場合、日本でも「雇用においてＬＧＢＴを差別しません」と謳っていないと得点できないことになりますから、外資系企業の日本でのＬＧＢＴ施策の後押しにもなっています。２番目は「同性パートナー、配偶者への福利厚生の適用（健康保険、年金含む）」、３番目が「トランスジェンダーに必要な医療の保険適用」、それから「教育機会の提供、従業員グループやダイバーシティ委員会の設置」「ＬＧＢＴ市場対応、ＬＧＢＴ団体支援など」となっています。「反ＬＧＢＴ運動への支援」はマイナスとなります。見事１００点を取った企業は、「ＢＥＳＴ　ＰＬＡＣＥＳ　ＴＯ　ＷＯＲＫ」というオリジナルの認定マークの使用が許可されます。

この「ＣＯＲＰＯＲＡＴＥ　ＥＱＵＡＬＩＴＹ　ＩＮＤＥＸ」などを参考に、任意団体work with Prideが２０１６年、すでにＬＧＢＴ施策に取り組んでいる企業や団体に協力を呼びかけ、日本で初めての企業のＬＧＢＴ施策評価指標となる「ＰＲＩＤＥ指標」を策定しました。Ｐ、Ｒ、Ｉ、Ｄ、Ｅの５つの指標があり、すべて満たすとゴールド（満点）、４つでシルバー、３つでブロンズと評価され、認定マークの使用が認められます。２０１７年は87社がゴールドを獲得しています。

日本の企業が、日本の法的な現状も踏まえたうえで、何ができるのか、具体的にどのようなことに取り組んだらよいのか、ということは、実はこの「ＰＲＩＤＥ指標」の内容に集約されていると言えます。以下、参考資料として、２０１７年版の「ＰＲＩＤＥ指標」をご紹介します。

work with Pride

2017年6月1日
任意団体 work with Pride
v1.0

PRIDE指標

1．＜Policy: 行動宣言＞評価指標

会社としてLGBT[注1]等の性的マイノリティに関する方針を明文化し、インターネット等で社内・社外に広く公開していますか。

- 方針には以下の内容を含むものとする：性的指向[注2]、性自認[注3]（または、同等の意味を持つ別の言葉）に基づく差別をしない（または、尊重する）。
- 単独の方針でも、行動規範や人権方針、ダイバーシティ宣言等の一部に含まれていてもよい。

評価項目（以下1～8の間で2つ以上）

☐ (1) 会社としてLGBT等の性的マイノリティに関する方針を明文化し、インターネット等で社内外に広く公開している。
☐ (2) 方針に性的指向という言葉が含まれている。
☐ (3) 方針に性自認という言葉が含まれている。
☐ (4) 会社の従業員に対する姿勢として定めている。
☐ (5) 従業員の行動規範として定めている。
☐ (6) 採用方針として学生等に伝えている。
☐ (7) 経営トップが社内外に対し方針に言及している。
☐ (8) お客様・取引先に対する方針を明文化し公開している。

2．＜Representation: 当事者コミュニティ＞評価指標

LGBT当事者・アライ（Ally、支援者）[注4]に限らず、従業員が性的マイノリティに関する意見を言える機会を提供していますか。（社内のコミュニティ[注5]、社内・社外の相談窓口、無記名の意識調査、等）
また、アライを増やす、顕在化するための取組みがありますか。

評価項目（以下1～4の間で2つ以上）

☐ (1) 社内のコミュニティ（LGBTAネットワーク等）がある。
☐ (2) アライを増やす、もしくは顕在化するための取組みを実施している、またはアライの活動を会社がサポートしている（アライであることを表明することの推奨等）。
☐ (3) 社内外を問わず、当事者が性的指向または性自認に関連した相談をすることができる窓口を設けている。
☐ (4) 無記名の意識調査（従業員意識調査やエンゲージメント調査等）で性的マイノリティの意見も統計的に把握できるようにしている。

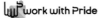

work with Pride

2017 年 6 月 1 日
任意団体 work with Pride
v1.0

✧ 取組みのポイント

・コミュニティを立ち上げる際は、当事者をあぶりだすことにならないよう、無理に当事者であるか／アライであるかの確認を行わないことが大切である。

・当事者コミュニティの立ち上げが難しい場合、相談窓口の設置や会社として社外のコミュニティに参加することから始めてもよい。

3．＜Inspiration:啓発活動＞評価指標

過去２年以内に、従業員に対して、性的マイノリティへの理解を促進するための取組み（研修、啓発用メディア・ツールの提供、イントラ等での社内発信、啓発期間の設定、等）を行っていますか。

評価項目（以下 1～14 のうち 2 つ以上）

●研修

- □ (1) 採用担当者を含む人事部門への研修。
- □ (2) 管理職への研修。
- □ (3) 全従業員への研修。
- □ (4) 新入社員や中途雇用社員への雇用時の研修。
- □ (5) 性的指向または性自認についてカミングアウトを受けた際の対応についての教育。
- □ (6) 研修には性的指向および性自認の両方に関する内容が含まれている。
- □ (7) 研修には読む・聞くだけでなく、グループワーク等の演習が含まれている。
- □ (8) １回限りでなく継続して実施している。
- □ (9) 社内の理解浸透度を確認しながら研修を進めている。

●その他啓発活動

- □ (10) イントラ、ニュースレター、ポスター等の各種コミュニケーション手段を利用して実施する社内啓発活動
- □ (11) 性的マイノリティへの理解を促進する啓発期間の設定
- □ (12) 性的指向または性自認に関する不適切な発言がセクハラに該当することの周知。
- □ (13) 本社・本店および本社機能のない事業所（支店、支社等）での取組み。
- □ (14) グループ会社での取組み。

✧ 取組みのポイント

・管理職への研修は、必須とすることが望ましい。ある企業で、まず管理職に研修を行い、管理職がアライとして様々な活動に参加することになったことから、部下が安心してカミングアウトできたという事例がある。

2

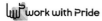

work with Pride

2017年6月1日
任意団体 work with Pride
v1.0

4．＜Development:人事制度、プログラム＞評価指標

以下のような人事制度・プログラムがある場合、婚姻関係の同性パートナーがいることを会社に申請した従業員およびその家族にも適用していますか（申告があれば適用しますか）。なお、LGBT のための人事制度・プログラムは、以下の項目に限定されるものではありません。

A. 休暇・休職（結婚、出産、育児、養子縁組、家族の看護、介護等）
B. 支給金（慶事祝い金、弔事見舞金、出産祝い金、家族手当、家賃補助等）
C. 赴任（赴任手当、移転費、赴任休暇、語学学習補助等）
D. その他福利厚生（社宅、ファミリーデー、家族割、保養所等）

トランスジェンダーの従業員に以下のような施策を行っていますか（申告があれば適用しますか）。

A. 性別の扱いを本人が希望する性にしているか（健康診断、服装、通称等）
B. 性別適合手術・ホルモン治療時の就業継続サポート（休職、勤務形態への配慮等）
C. ジェンダーに関わらず利用できるトイレ・更衣室等のインフラ整備

評価項目（以下1～18の間で2つ以上）

●同性パートナーがいる従業員向け

□ (1) 休暇・休職（結婚、出産、育児（パートナーの子も含む）、家族の看護、介護（パートナーおよびパートナーの家族も含む）等）。
□ (2) 支給金（慶事祝い金、弔事見舞金、出産祝い金、家族手当、家賃補助等）。
□ (3) 赴任（赴任手当、移転費、赴任休暇、語学学習補助等）。
□ (4) その他福利厚生（社宅、ファミリーデー、家族割、保養所等）。
□ (5) 会社独自の遺族年金、団体生命保険の受け取り人に同性パートナーを指定できる。

●トランスジェンダーの従業員向け

□ (6) 性別の扱いを本人が希望する性にしている（健康診断、更衣室、服装、社員証等）。
□ (7) 自認する性に基づく通称名の使用を認めている。
□ (8) 戸籍変更の際の社内手続きのガイドがある。
□ (9) 就職時のエントリーシートで本人の希望する性別を記入できる、性別欄に「その他」「記載しない」等男女以外の回答項目を設けている、または性別記載を求めていない。
□ (10) 性別適合手術・ホルモン治療時の就業継続サポート（休暇、休職、勤務形態への配慮等）。
□ (11) 性別適合手術・ホルモン治療時の費用補助。
□ (12)ジェンダーに関わらず利用できるトイレ・更衣室等のインフラ整備。

3

work with Pride

2017年6月1日
任意団体 work with Pride
v1.0

●制度全般

□ (13) 制度の存在や利用方法を従業員に周知している。
□ (14) 制度を利用する際に、通常の申請手続き以外に、周囲の人に知られずに申請できる等、本人の希望する範囲の公開度を選択できる柔軟な申請方法となっている。
□ (15) 当事者が自身の性的指向や性自認についてカミングアウトした結果、職場の上司や同僚等からの不適切な言動等の問題が発生した場合を想定したガイドラインがある。
□ (16) 希望があれば、出張や社員旅行等で宿泊時の居室、社宅や寮に配慮する。
□ (17) 同性愛や異性装が犯罪となる国等への赴任・出張時のリスク対応を行っている。
□ (18) トランスジェンダーの従業員が望む性別で働くことを希望した場合、人事部門、所属部署、関連部署等で連携して対応を検討している。

✧ 取組みのポイント

・ 赴任時に同行する同性パートナーへの配慮を行うことが望ましい。
・ トランスジェンダーの従業員には、制服の男女共用化（または本人の希望する性別の制服）にも配慮することが望ましい。
・ トランスジェンダーが使用を希望するトイレは、個人の状況、職場の設備や雰囲気によって変わること、また、すべてのトランスジェンダーが共用トイレの使用を望む訳ではないことに十分な注意が必要。共用トイレの設置や案内板への表記等のハード面だけの対応では不十分である場合もあります。

5．＜Engagement/Empowerment:社会貢献・渉外活動＞評価指標

LGBTへの社会の理解を促進するための社会貢献活動や渉外活動を行いましたか。

例）LGBTイベントへの社員参加の呼びかけ、協賛、出展、主催、寄付、業界団体への働きかけ、LGBTをテーマとした次世代教育支援

評価指標（以下1〜5の間で2つ以上）

□ (1) LGBTへの社会の理解を促進するための活動・イベントの主催、協賛、出展。
□ (2) LGBT学生向けの就職説明会、セミナー、イベント等の主催、協賛、寄付等。
□ (3) LGBT関連イベントへの社員参加の呼びかけおよびイベントの周知。
□ (4) LGBTのインクルージョンに関する自社所属の業界への働きかけ、業界団体での活動。
□ (5) LGBTへの理解促進のための次世代教育支援（出前授業、教材提供等）。

✧ 取組みのポイント

イベントの協賛や出展は、社会の理解促進に貢献するとともに、企業の姿勢を社内に伝えるメッセージともなり得る。イベントへの社員参加を呼びかけることで、社員の啓発にも

4

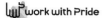

work with Pride

2017年6月1日
任意団体 work with Pride
v1.0

つながる。（社内の取組みを始めるのが難しい場合、まず社会貢献活動から始めるのも選択肢の1つと言える。）

注釈：

1. LGBT：レズビアン(Lesbian)、ゲイ(Gay)、バイセクシュアル(Bisexual)、トランスジェンダー(Transgender)の頭文字。性的マイノリティにはLGBT以外の多様なアイデンティティを持つ方もおられますが、本指標では便宜的に性的マイノリティ（性的指向、性自認に関するマイノリティ）の総称として使用しています。
2. 性的指向：同性愛、両性愛、異性愛等、好きになる相手の性別に関する概念。特定の人を好きにならない（無性愛）等も含む。
3. 性自認：自分で自分の性別をどう考えるか、という概念。身体上または社会上の性別とは必ずしも一致しない。また、必ずしも男女のどちらかとは限らない。
4. アライ：LGBTを積極的に支援し、行動する人のこと。
5. コミュニティ：目的を共有している人の集まり。ここではLGBTの働きやすい職場をめざす人の集まりを指します。リアルな集まり、メーリングリストやSNS等でのネットワークのいずれでも結構です。
6. セクシュアリティ：性のあり方。性的指向や性自認を含む概念。

以上

（5）企業の先行事例

２０１６年10月26日、第一生命ホールで「work with Pride 2016」が開催され、さまざまな企業から６００名を数える方々がご来場されました。まだ法的にも必須とはされていない（包括的な差別禁止法が整っていない）なか、こんなにたくさんの企業が真摯に取り組んだり、関心を持ってくださっていることに感銘を受けました。「work with Pride 2016」では、日本初となる「ＰＲＩＤＥ指標」の採点結果と「ベストプラクティス」の発表、表彰式が行われました。

以下、「ＰＲＩＤＥ指標」に応募してくださった企業のなかから、どのような企業がＬＧＢＴへの取り組みを見せてい

work with Pride 2016　10/26 @第一生命ホール

※work with Pride：日本の企業内で LGBT の人々が自分らしく働ける職場づくりを進めるための情報を提供し、各企業が積極的に取り組むきっかけを提供することを目的に、実施されているセミナー。

写真提供：虹色ダイバーシティ

るのか、そして、「ベストプラクティス」にも選ばれるような先進的な事例などをご紹介していきます。

当事者支援

ユニリーバやＫＤＤＩなどは、社内にＬＧＢＴ従業員のための相談窓口を設けています。

日本ＩＢＭや野村證券、日本マイクロソフト、ゴールドマンサックスなどは、社内のＬＧＢＴコミュニティを支援しています。

パナソニックなどは、社内イントラネットにＬＧＢＴへの理解を深められるような啓発資料を掲載しています。

ＮＴＴやＵＢＳなどは、トランスジェンダー従業員の性別移行を支援する取り組みを行っています。

社内規程、福利厚生

ソニー、資生堂、ＮＴＴなどは、社内規程や従業員行動指針でＬＧＢＴ差別禁止を明文化したり、ダイバーシティ宣言にＬＧＢＴのことを盛り込んだりしています。

ＡＮＡ、ＮＴＴ、ライフネット生命などは、経営層がＬＧＢＴ支援の姿勢を明確にしています。

パナソニック、ＮＴＴ、オムロン、楽天などは、福利厚生で同性パートナーを配偶者と見なす施策を打ち出しています。

社内の啓発・研修

大阪ガス、富士通、日立および前述の各社などは、人事部門研修、人権研修、階層別研修（管理職、新入社員、役員）、セクハラ防止・パワハラ防止研修でＬＧＢＴにも取り組んでいます。

ＮＴＴ、日本生命などは、ｅ-ラーニングやＤＶＤを使用して、社内でのＬＧＢＴ研修に取り組んでいます。

研修に関して言うと、研修を行ったことで実際に職場内の差別的言動が減ったのか、アライが増えたのかといった、効果の測定がまだきちんとできていないということがあります。これは今後の課題と言えます。

社会貢献

第一生命やイオンなどは、社外の取引先、関係会社に向けたLGBT研修を提供しています。例えば、第一生命は、保険商品を実際に売っているのは地方の代理店ですから、そこに対してLGBT研修資材を提供しています。LGBTのお客様に対する差別的な対応が起こらないようにという配慮です。

携帯電話各社、生命保険各社、資生堂、楽天などは、LGBTの顧客のための商品やサービスの提供を行っています。具体的には、携帯電話各社は家族向けの割引サービスに同性カップルも含めるというサービス、生命保険各社は保険の受取人に同性パートナーも指定できるようにするという対応、資生堂はメーキャップでトランスジェンダーの方のQOLを上げるというサービス、楽天はクレジットカードの家族カードを同性カップルも利用できるようにするという対応を行っています。注目すべきは、生命保険各社の対応の早さです。ライフネット生命が保険の受取人に同性パートナーも指定できるようにするとメディア発表してから、あっという間に大手会社が追随しました。ニュースを見て、お客様センターに「御社では同性パートナーの受取人指定はできないのか」と電話がかかってきたのだそうです。生命保険の乗り換えは簡単ではないため、お客様の声があって、競争原理が働くことで一気に変わっていくことがわかります。

GAPやパームロイヤルホテルNAHAなどは、LGBTのプライドイベントに参加、協賛することで、当事者からの支持を厚くしています。

ライフネット生命、LUSH　JAPAN、Googleなどは、LGBTが直面する社会的困難に対して支援活動・キャンペーンを実施しています。ライフネット生命は、プライドイベントの参加者がライフネット生命のブースで写真を撮影することと連動して、ＬＧＢＴ児童書『もっと知りたい！話したい！　セクシュアルマイノリティ　ありのままのきみがいい』（日高庸晴著）を全国各地の図書館に寄贈するという「レインボーフォトプロジェクト」を展開し、「work with Pride 2016」全体のベストプラクティスに選ばれています。ＬＵＳＨ　ＪＡＰＡＮは２０１４年、ロシアのプロパガンダ禁止法に反対するバレンタイン・キャンペーンを展開しました。Googleは、テクノロジーで世界を良くするアイディアをシェアした多くの非営利団体のなかから優秀なアイディアを助成する「Googleインパクトチャレンジ」を実施し、私たち、虹色ダイバーシティがファイナリストに選ばれています。

（6）ＬＧＢＴが直面しがちな社会的困難

職場に限らず、ＬＧＢＴはその生涯を通じて、さまざまな社会的困難に直面しがちです。

職場だけ見ていても、当事者の生きにくさをなかなか理解できなかったり、解決に導くことができなかったりします。生まれてから亡くなるまでに直面する、ＬＧＢＴの生涯にわたる困難を理解することで、より当事者の気持ちに寄り添う支援が可能になります。

以下、ＬＧＢＴが直面しがちな社会的困難の全体像について概説します。

まず、学齢期には、男らしくない、女らしくないなどといったことでいじめを受けがちです。ライ

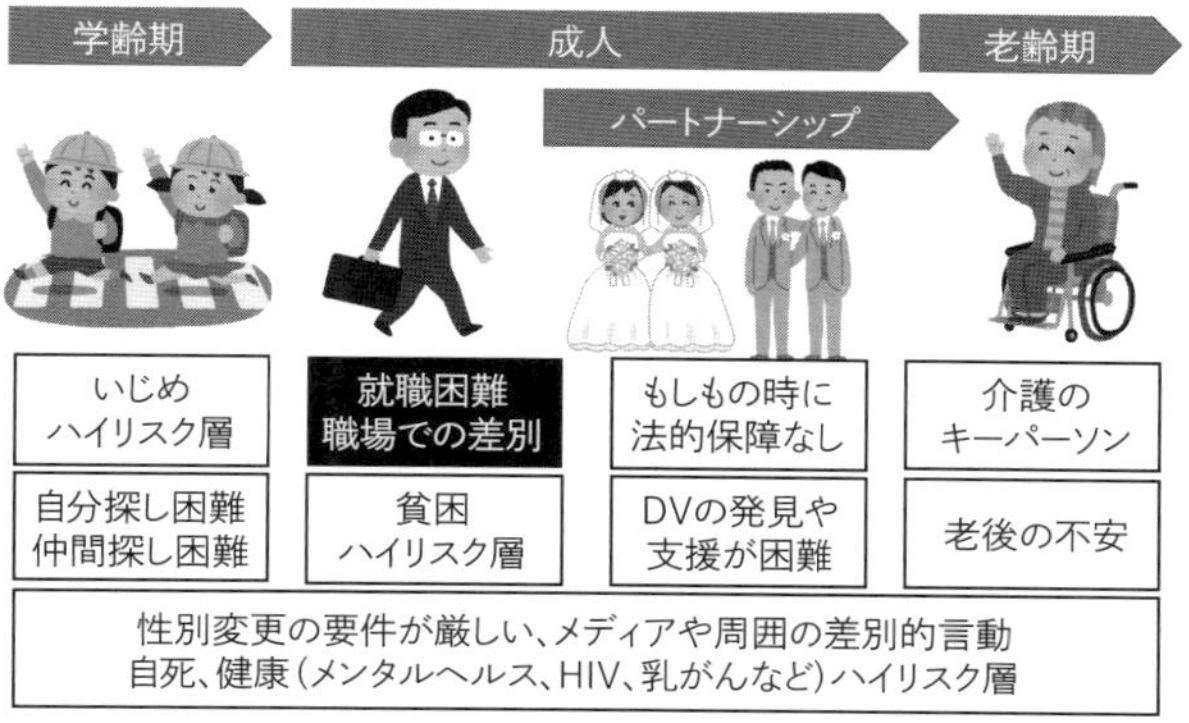

図4　LGBTの社会的困難

フネット生命が２０１６年に宝塚大学看護学部・日高庸晴教授に委託したＬＧＢＴに関する調査では、当事者の約6割が「学校生活（小・中・高校時代）においていじめ被害を経験した」と回答、また、「いじめにあっていた時、先生は解決に役立ってくれたと思う」と回答した方は全体の13・6％しかいませんでした。いじめが起こった時、ＬＧＢＴへの理解がない先生は適切に指導できず、一緒になって「男らしくしろ」などと言ってしまうケースも報告されています。

思春期になり、自身の性的指向や性自認が周囲の人と異なることを自覚しはじめると、そうした性的指向や性自認を受けいれることができず、自分を否定し、誰にも相談できず、孤立無援状態に陥り、自殺を考える子どももいます。２００８年に日高庸晴教授らが大阪で実施した調査では、性的マイノリティ男性が自殺を図るリスクは異性愛男性の約5・9倍に上ることが明らかになっています。同教授が２００５年にインターネットで行った調査では、ゲイ・バイセクシュアル男性の65・9％が自殺を考えたことがあったと回答しています。

成人しても、学校や職場で差別的な言動にさらされ続け、なかなか友人や同僚にカミングアウトできず、特に地方では仲間をつくりにくく、悩みを相談できる相手を見つけられないという問題に直面します。男尊女卑がまかり通っているような職場では、男らしさ／女らしさを強制されたり、風俗店に連れて行かれるなどの環境型セクハラ、LGBTを差別するような言動などで日々ストレスを抱えることも多く、メンタルヘルスを悪化させたり、会社を辞めてしまう方もいます。そもそも、特に見た目の性別と戸籍上の性別が異なるような方は就職の困難にも直面しがちです。こうした就業上の難しさは、貧困状態に陥らせるリスクともなっています。

たとえ順調に仕事ができていたとしても、同性のパートナーが法的に家族と見なされず、制度的保障を受けられないため、病院に運ばれた時にパートナーに面会できなかったり、もしもパートナーが亡くなってしまった場合、一緒に住んでいた家を追い出されたり、共有財産を親族に持って行かれたり、最悪、お葬式にも出られないという悲劇もあります。パートナー関連で言うと、DV被害に遭っても届け出ることが難しい（男女間が前提の対応になっている）ということも挙げられます。

老後の不安も深刻です。パートナーや子どもがいない人や、貧困層も多いことから、自分の面倒を見てくれる人がいない、施設への入居を断られるかもしれない、といった不安に直面します。なかには、本当はパートナーがいるのに親兄弟に言えず、「独り身であるお前がやるべき」と親の介護を引き受けることを余儀なくされる方もいらっしゃいます。

そのほかにも、生涯を通じてさまざまな困難が待ち受けています。結婚していないこと、未成年の子がいないこと、といった性別変更の要件の厳しさゆえに、戸籍上の性別を変えることができず、外出先でトイレを利用できなかったり、病院で名前を呼ばれて周囲から冷ややかな視線を浴びたりなど、日常生活で多種多様な困難に直面するトランスジェンダーの方もいます。世間に偏見や差別が蔓延しているため、家族にカミングアウトできない、せっかく自治体で同性パートナーシップ証明が認められても親戚が働いている役所に届出を出すことが難しい、といった話もあります。また、メンタルヘルスやセクシュアルヘルス（ＨＩＶなどの性感染症）、レズビアンの方であれば乳がんなど、健康面でのリスクもあります。

3　今後の方向性

ＬＧＢＴを取り巻く職場環境の現状、企業の最近の動きや先進事例についてお伝えしてきましたが、それらを踏まえたうえで、ＬＧＢＴに関する職場環境改善（ＬＧＢＴ施策）について、今後の方向性や課題を考えてみたいと思います。

まず、ＬＧＢＴを取り巻く職場環境の現状やＬＧＢＴ施策の効果などのデータがまだまだ不足しています。虹色ダイバーシティでは当事者アンケート調査を数年にわたって実施してきましたが、これで十分とは言えず、さらなる調査研究が必要です。特に、ＬＧＢＴ施策がどれだけ効果を上げているかという観点での調査がほとんど行われていません。日本では企業間の比較は難しいでしょうから、1つの会社に絞って、施策を行う前はこうだったが施策を行ったらこう変わった、というような調査・研究ができれば理想的です。今後の課題であると言えます。

現状、LGBT施策はほとんど、都市部、大企業、人事部門のみに限定されています。今後、地方、中小企業・行政、現場へと広がっていくことが期待されます。全国に支社のある大きな企業が、関連企業や取引先にもLGBT研修を広げれば、大きな影響力があるはずです。これが現場まで降りていけば、やっと当事者も「変わってきた」「職場がフレンドリーになった」と実感できるようになるのではないでしょうか。勤め先の本社でLGBT研修を実施したにもかかわらず、現場は依然として差別的だ、そう簡単には変わらないだろう、という声も聞きます。多くの当事者は、今、期待と失望、もどかしさと不安がないまぜになった、複雑な気持ちを抱いているように感じます。

最近の動きでは、LGBT支援に取り組む金融機関のネットワーク「LGBTファイナンス」、同様にIT企業のネットワークである「NIJIT」、西日本で多様な企業が集まってLGBT施策について学ぶ「ダイバーシティ西日本勉強会」など、企業の枠を超えて一緒になってLGBTのことを進めていこうとする活動が始まっています。こうした場で業界ごとのベスト・プラクティスを模索することで、業界全体の取り組みを後押しできます。今後、こうした企業間連携にも注目しましょう。

最後に、差別禁止法の制定や同性結婚の法制化、性別変更の要件緩和などに関するアドボカシー(権利擁護)活動を挙げます。現状、大手企業の約7割がLGBT施策を何もやっていないのですが、そうした企業の中には「法律ができたら取り組もうと思っている」というスタンスのところもあります。すべての職場がＬＧＢＴも働きやすい職場になるために、アドボカシー活動も非常に重要だと考えています。

アドボカシー活動とも関連しますが、ご参考までに、ここで世界の性的指向をめぐる権利状況について概観します（次頁「性的指向に関する世界地図」参照）。

欧米のほとんどの国では、同性婚またはそれに準じる同性パートナー法が認められています。最近のホットなトピックとして、２０１７年5月、台湾で、アジアで初めて同性婚が認められることになりました（最高裁に当たる司法機関が、同性婚を認めない民法に違憲判決を出し、2年以内の立法を勧告しました）。

ロシアなど、水玉になっている国は、プロパガンダ禁止法という、公に同性愛者を擁護したり権利を主張したりすると罰せられる法律があります。

グレーや黒の国は、法律で同性愛が違法とされている国です。特に濃いグレーや黒の国では、同性愛者が逮捕・投獄され、中には死刑にされたという報告が上がっている国もあります。

白の国は、違法ではありませんが、権利保障も特にない国です。日本も今のところは白です。しかし、日本は法律的には未整備ですが、社会的な許容度は高い国です。日本での法的保障が進めば、同じような文化を持っている東アジアの他の国にもきっと、良い影響を及ぼすことにつながるはずです。

＊最新の地図は、特定非営利活動法人虹色ダイバーシティホームページにてご覧いただけます（https://nijiirodiversity.jp/world-map-2018/）

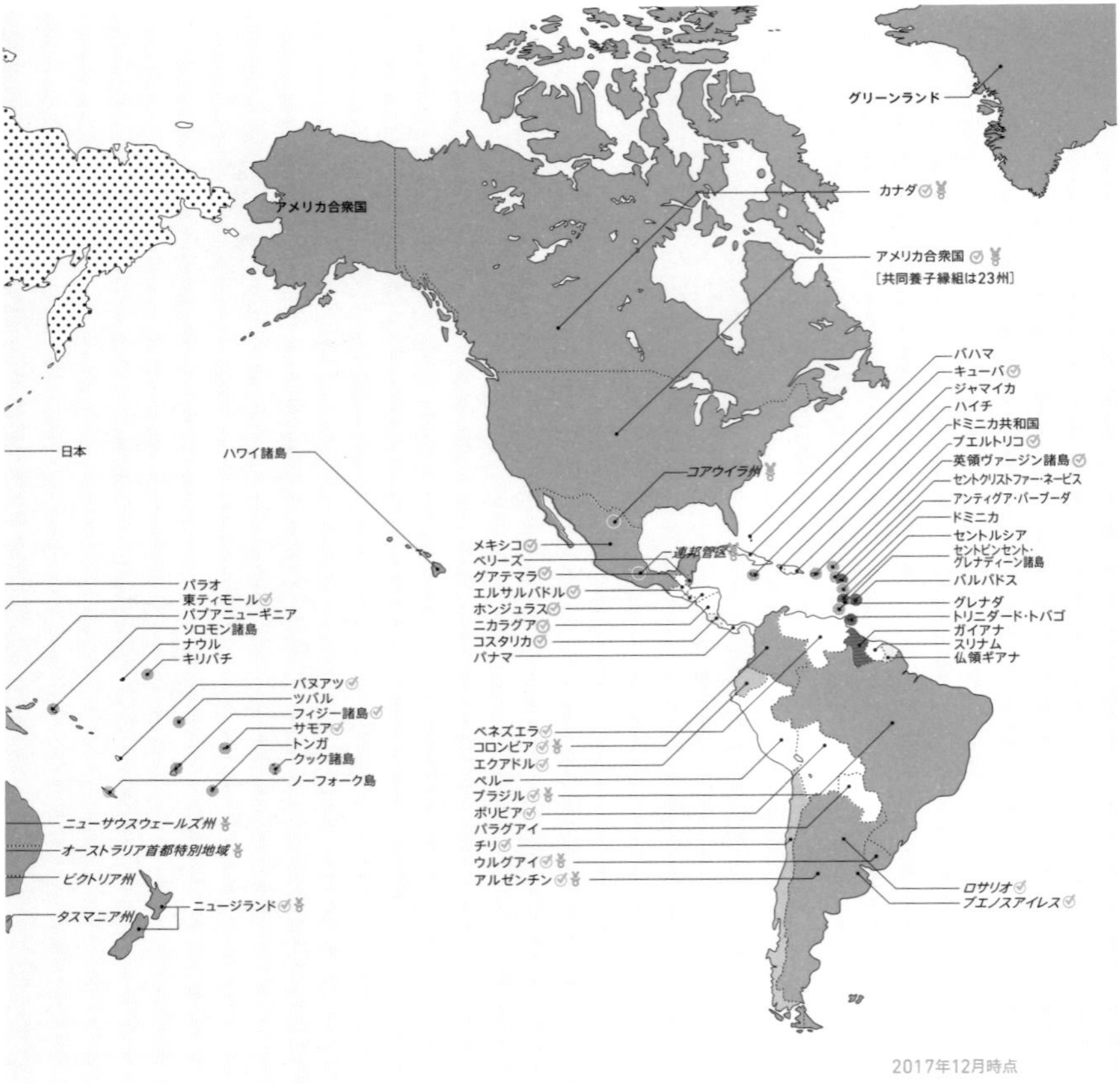

2017年12月時点

特定非営利活動法人 虹色ダイバーシティ

履行なし　宗教による道徳律 表現と集会の自由を制限　差別禁止法 76カ国と85地域　共同養子縁組 27カ国と28地域

不明	特定の法律なし	明らかに劣る代替制度	婚姻とほぼ同等の代替制度	婚姻

法律なし

同性カップルの承認 **47**カ国と**65**地域

承認

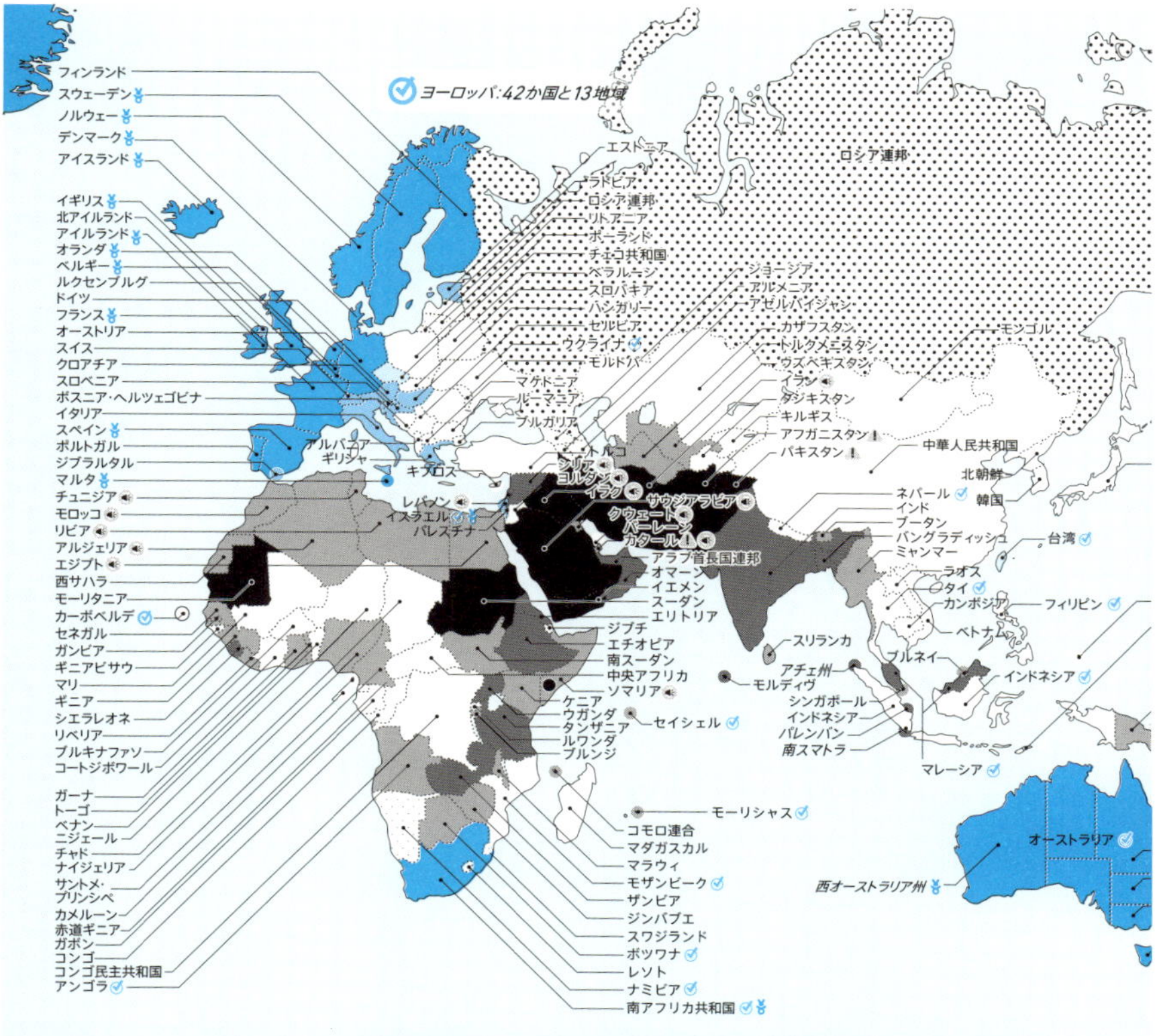

性的指向に関する世界地図

この地図は「性的指向に関連する世界の法律」ILGA2016を参考に、2017年12月までに同性婚が成立した国を加味して、虹色ダイバーシティで制作しました。ご協力いただいた皆さまに感謝します。1つの国の中で半分以上の地域が平等な婚姻を認めている場合は、その国は濃い青色(婚姻)で表示されています。

迫害

死刑 13カ国 (一部地域も含む)	禁固刑 73カ国と5地域			
死刑	14年～ 終身の禁固刑	最大14年の 禁固刑	プロパガンダ 禁止法	罰則

おわりに

２０１７年５月、日本経済団体連合会（以下、経団連）が、会員企業に向けてＬＧＢＴについてのダイバーシティ＆インクルージョン施策を実施するよう求める提言「ダイバーシティ・インクルージョン社会の実現に向けて」を発表しました。「ダイバーシティ（多様性）・インクルージョン（包摂）社会の実現が、わが国の最重要課題の１つとなっている今、『見えないマイノリティ』であるとともに、企業としても取り組みが急務となっている、ＬＧＢＴの人々に関する対応に経済界として初めて焦点を当て、各企業の取り組み状況を紹介すると共に、どのような対応が考えられるかを提言するもの」です。そして、「ＬＧＢＴ（性的マイノリティ）の人々に関する適切な理解・適切な知識の共有を促すと共に、存在の認識・受容に向けた取り組みを推進すべく、ＬＧＢＴという言葉についての概説、ＬＧＢＴに関する国内外のさまざまな動向を紹介した上で、わが国企業による取り組みの方向性を示して」います。経団連が会員企業に対してＬＧＢＴ施策の推進を求めた、これは歴史的な一歩だと思います。

「東京２０２０オリンピック・パラリンピック競技大会　持続可能性に配慮した調達コード」においても、ＬＧＢＴ差別の禁止が明文化されました。もはや主要な企業はすべからくＬＧＢＴに取り組まなくてはいけない時代がきています。くり返しになりますが、ＬＧＢＴ施策を実施しない、差別的言動を放置することのほうが職場のリスクだと私は考えています。

この章では、先行事例も提示しながら、具体的に企業がどのようなことに取り組むべきなのかということについてお伝えしてきました。これから取り組んでいく企業の方々にとって、少しでも参考になれば幸いです。

参考書籍
「職場のＬＧＢＴ読本」
柳沢正和・村木真紀・後藤純一∴著／実務教育出版∴刊

目次

「トランスジェンダーと職場環境ハンドブック――誰もが働きやすい職場づくり」
東優子・特定非営利活動法人虹色ダイバーシティ・特定非営利活動法人ＲｅＢｉｔ∴著／日本能率協会マネジメントセンター∴刊

コラム2

「マジョリティ」をどう変えるか？
――社会を多様（レインボーカラー）化させるために

京都産業大学
客員教授
伊藤公雄

はじめに――働く人の8％がLGBTと回答

2016年、連合（日本労働組合総連合）は、「LGBTに関する職場の意識調査」を実施しました。おそらく労働の場での調査としては画期的なものといえるでしょう。労働運動という場でもLGBT問題が、やっと視野に入ろうとしているのです。

この調査によると、「男女」（「出生時の性別」という設定であるといいます）各500人（1000サンプル）のうち、LGB（レズビアン、ゲイ、バイセクシュアル）と答えた人が3・1％、トランスジェンダーが1・8％、アセクシュアル（「他者に対して恋愛感情も性的感情も向かない者」と規定）2・6％、その他0・5％と、全体で「LGBT当事者」は8％という結果になったといいます。

「上司・同僚・部下がLGBだったら」および「トランスジェンダーだったら」「どう感じるか」という質問には、LGBには6割半ばが、またトランスジェンダー（T）については7割半ばが「嫌でない」と回答しています。しかし、「嫌だ」と感じる人もそれぞれ3割半ば、2割半ばいました。女性よりも男性、若い世代よりも上の世代に「嫌」と回答する割合が高かったということです。

労働者の職場でのＬＧＢＴの人々への「まなざし」の変化はうかがえますが、まだ、職場における偏見意識は根強く残っていることがうかがえます。

マジョリティを支える意識と「制度」

なぜ、ＬＧＢＴの人たちが同じ職場にいると「嫌」なのでしょうか。「嫌」と答えた人の多くは、たぶん「社会的マイノリティ」とされる人々が、自分たち（社会的マジョリティ）と「異なる」存在であることに、「嫌悪感」を抱いているのでしょう。おそらく、「嫌い」である理由について、こうした人々は十分に考えたことがないのではないでしょうか。ただひたすら「（自分たちと）異なる」ことが「嫌」なのです。しかし、こうした「マジョリティ（と自分では思っている人たち）」の意識や「まなざし」を変えないことには、ＬＧＢＴの人々の職場での人権は守りきれないでしょう。マジョリティ（と思っている人たち）を変える必要があるのです。

社会を根本的に変えるには、その社会におけるマジョリティの変革が必要になります。変革の要求が、社会的に迫害され差別された人から生まれた場合、それまでの社会の「主流派」の「思い込み」やそれによってできあがった社会の仕組みを変えなければ、この動きは成功しないと思うからです。

とはいえ、マジョリティ＝「主流派」の意識は変わりにくいのも事実です。というのも、社会の「ルール」（とされているもの）は、社会的マジョリティを基準として形成されているからです。マジョリティへの変革の要求は、マジョリティそのものの意識やそれに基づいて形成された諸制度そのものの変革がなければうまくいかないのです。

しかも、この「ルール」には、顕在化されたルール（職場の規則など）とともに、目に見えない潜在化されたルール（暗黙のルール）があるからさらに事情はややこしいのです。「ＬＧＢＴ差別はやめよう」というルールが作られても、目に見えない形で共有されている「暗黙のルール」（例えば、コミュニケーションの場などで自覚されないまま行使されるネグレクトなど）が、結果的に差別の構造を切り崩させません。特に、日本においては、この問題は深刻です。というのも、多様な「差別」や「排除」の構図を変えようと設定された「制度」があっても、その制度の縛りが弱く、結果的に作られた顕在的な制度よりも、目に見えない潜在的な制度（それはものの見方や考え方、さらには行動の仕方まで規定しています）が作用することで、作られた「制度」の効力を無化させてしまうからです（例えば、男女雇用機会均等法が作られて30年以上たつのに、日本社会は他の国々と比較して、「平等」とはほど遠い状況にあります）。顕在化された制度の規制の弱さもありますが、同時に、見えない制度が「平等」への道の歯止めを形成しているからだといえます。

社会的マイノリティをめぐる人権の課題は、マイノリティの側に問題があるわけではありません。むしろ社会的なマジョリティの意識やそれを支える制度の方に問題がある場合がほとんどなのです。社会的マジョリティが問題だという議論が生まれたのは、社会的マイノリティの抗議の声が広がって以後のごく最近のことです。例えば、女性差別問題をめぐる男性性問題、人種差別問題における欧米社会での「白人研究」、さらに、日本におけるエスニックマイノリティ問題をめぐる日本人研究の展開は、まさにマジョリティ問題として浮上したといえるでしょう。

社会的マイノリティの権利擁護の広がり

こうした社会的マジョリティが無自覚に行使してきた「ルール」への批判が国際社会で本格的に開始されたのは、それほど前のことではありません。おそらく1960年代のことだったでしょう。何よりもアメリカ合衆国におけるアフリカ系の人々への差別構造の批判は、近代社会のルールであったはずの「人間は生まれながらにして平等」が、実際は現実化されていないということへの告発でもありました。

人種差別問題に続いて、女性解放運動が、さらに障がいのある人への差別問題や、先住民差別問題、年齢や世代、子どもの人権など、あらゆる「社会的マイノリティ」の声が広がりました（日本においては部落差別という日本独自の課題への注目が本格的に向けられるのもこの時期でした）。LGBT（i）の権利擁護の動きが、幅広く展開されるようになったのは、20世紀も終わり頃になってからのことなのです。

1970年前後、こうした社会的マイノリティの人権擁護の動きとともに、ひとつの言葉が広がりました。「アイデンティティ」という言葉です。エリク・エリクソンの名前とともに国際的に共有されるようになったこの言葉が、社会的マイノリティの運動と結びつくことによって、新しい言葉が生まれました。「アイデンティティ・ポリティクス」という用語です。

「アイデンティティ・ポリティクス」を筆者なりに整理すれば、次のようにまとめられるように思います。つまり、「何らかの属性などを理由に社会的に少数派におかれていた人々が、自己認識（自分が何ものであるか）を明らかにし、共有の自己認識をもつもの同士で連帯し、正当な社会的承認をもとめる社会的・政治的活動」ということでしょう。アイデンティティ・ポリティクスの展開は、それまで周縁におかれ、顕在化してこなかった社会的差別や排除を顕在化し、社会をより公正なものへと変えていくという点で大きな意味をもちました。人種差別撤廃運動、女性解放運動、障がい者の運動、先住民の運動、日本の部落解放運動など、1970年前後以後の国際的な人権擁護の運動の核には、このアイデンティティ・ポリティクスの展開がありました。LGBTの運動もまた、こうした人権擁護の動き、差別撤廃の展開のなかで「LGBTであること」を軸にした動きが広がっていったことも事実でしょう。

ただ、こうしたアイデンティティ・ポリティクスの展開は、時に、当の社会的マイノリティ当事者自身にとまどいを引き起こすこともありました。というのも、これまで社会的に周縁におかれてきた当事者としての自己認識の表明とそれに基づく仲間たちとの連帯という戦略は、ある意味で当事者に「強さ」を要求するからです。アイデンティティ・ポリティクスは、当事者にこれまで抑圧してきた自分のマイノリティとしての存在と直面することを要請するとともに、隠してきた自己の存在を公的に表明する（カミング・アウトする）ことが求められる場合があります。それは、かえって社会的な孤立を生んだり、また、二次的な攻撃を生じさせる可能性もあります（そうした構造を変革することが何よりも求められるのですが）。アイデンティティ・ポリティクスの展開には、かなりの決意と自己防衛の仕組みが必要な場合がしばしばあるのです。それゆえ、一部では、「当事者性」からの逃避という事態も生まれます。つまり、沈黙やカミングアウトの拒否という事体です。

繰り返しますが、問題は社会的マイノリティの側にあるわけではありません。むしろ問題の多くは社会的マジョリティの側にこそ存在するのです。にもかかわらず、マイノリティの孤立状況はなかなか変わらないできました。

マジョリティとマイノリティのかかわり

このマジョリティとマイノリティとの関係を解きほぐすには、さまざまな努力と議論が必要になります。アイデンティティ・ポリティクスの展開は、社会的マイノリティの自己肯定の動きとともに、差別する外部（マジョリティ）との鋭い対決の図式がともなっていたことも事実です。マイノリティの解放を求める要求は、それぞれの領域で、マジョリティである人々に混乱を生み出しました。なぜなら、マイノリティの権利の承認は、時にマジョリティである人々には、「既得権（と思い込まれていたもの）」の放棄を要求するように感じられますし、また同時に、彼ら彼女らに根本的な「自己変革」を要求する（ように思われた）からです。

もちろん、社会的マイノリティの権利の根本的な承認には、マジョリティの意識変革が前提になることは言うまでもありません。しかし、この要求が、強力に作用したとき、それは、時にマジョリティの社会的マイノリティへの敵対意識を生んだり、逆に、差別構造の硬直性を生み出す場合もあるのです。

マジョリティの「意識変革」（内なる差別の克服）を要求する運動の形態は、マイノリティ、マジョリティの双方に、重い課題をつきつけたといえるでしょう。マイノリティの人々は、自分たちのおかれた厳しい状況への「共感」をマジョリティに要求することがあります。しかし、同じ「体験」をもたないマジョリティには、本格的な「共感」はむずかしいでしょう。せいぜい、「同情」のレベルでの対応（これをいかに超えるかは、想像力の問題も含めて、かなり厳しい自己点検を要請されます）しかできない場合もしばしばあります。しかし、マイノリティにとっての「同情」は、外部からの（当事者の悩みや苦しみを共有しない、クールな）まなざしにしかみえないかもしれません。逆に、それを超えて「共感」を装えば、そこには「嘘」が見え隠れすることにもなります。両者の間に生じるこうした「断絶感」は、相互の離反さえ生むことがあるのです。

マジョリティを対象に、マジョリティに「自己変革」を求めることの困難さは、とてつもなく厳しい闘いになります。何よりもマジョリティは、自分たちが「変わる」必要を感じていないからです。というのも、自分たちのやり方が「主流派」「社会の常識」であると思い込んでいる（なぜなら自分たちがマジョリティである）からなのです。

また、（「外部」と思っている存在からの）自己変革の要求には、「ことなかれ」型の表面的受容で対応するか、厚い壁をつくって「防御」にはいるか、あるいは「反撃」するか、といった形になりやすいことも事実です。いずれにしても「変わりたくない」「変わる必要はない」という思いが控えているのだといえます。

そのため、マジョリティの自己変革のためには、彼ら彼女らの「日常」に亀裂を入れ、気づきと認識を（できるだけ自然に）生み出すということが必要になります。

逆に、マイノリティのアイデンティティ・ポリティクスの発動は、時に、マジョリティに対する厳しい批判を加えることがあります。これは、マジョリティから、反発や無視を生むかもしれません。少くとも、「この問題にはかかわらないようにしよう」的な対応が通常とられることもあります。これでは、マジョリティは変わらないし、変われません。

バックラッシュ──「社会的マジョリティ」からの「反発」

これまで述べてきたように、1970年代以後、社会的マイノリティの運動は、社会的マジョリティへの変化を求めつつ、大きく国際的に拡大していきました。

しかし、1980年代中期以後、「社会的マジョリティ（と自己認識したい人々）」からの「反発」、いわゆるバックラッシュ（逆流）が、さまざまな社会的マイノリティによるアイデンティティ・ポリティクスに対抗して展開されるようになりました。女性解放運動や人種差別撤廃、ゲイやレズビアンなどへの差別撤廃の運動を忌避し、それを批判するような動きが広がったのです。「（社会的な多元性と寛容を求める）リベラル派」に対抗する、「伝統的な」家族やコミュニテイの擁護、「伝統的な」道徳や宗教心の維持といった声が「保守派」(アメリカ合衆国では保守派のキリスト教原理主義派が中心)の間で広がりを見せたのです。いわゆる「文化戦争 Culture War」(保守派の家族規範や道徳の強調の動き)がアメリカ合衆国で登場しました。

この動きは、現在、社会的マイノリティのアイデンティティ・ポリティクスに対する、社会的マジョリティ(と思い込んでいる、あるいはそう思いたい人々)からの「反発」「反撃」の時代という形で国際的にも浮上しつつあるように思われます。攻撃の対象となるのは、女性やLGBT、さらに移民や難民といわれる社会的マイノリティの人々です。いわば社会的マジョリティ(でありたい人々、そう自認したい人々)の擬似的アイデンティティ・ポリティクス(一方的な「被害者意識」から生じる「多数派」としての承認要求)とでもいえるような事態が始まっているように感じられるのです。

とはいえ、こうした攻撃的な人々が、社会の「主流派」であるかといえば、そうでもないところが問題なのです。いわば、「社会の主流」から疎外されているのに、自分の承認を求めて、自分の所持している「マジョリティ」的(と信じ込んでいる)資源(国籍や異性愛者であること、障がいがないことなど)を活用して、自らの「マジョリティ」性を無理矢理「確認」するために、マイノリティに攻撃をしかけているような構図がみてとれるからです。

アメリカ合衆国のトランプ大統領を誕生させたといわれるプア・ホワイトの人々や、日本でのヘイトスピーチ・ヘイト行動の動き、ヨーロッパ各国での移民排斥の動きは、こうした社会的マジョリティ(と思い込んで安心したい人たちの)擬似的アイデンティティ・ポリティクスとでもいえるような流れが作り出したと考えることができるでしょう。

おわりに――いかにしてマジョリティを変えるか

社会の公正と自由、非暴力とデモクラシーの実現のためには、こうしたマジョリティ（と信じたい人々）の意識や生活スタイルを変革し、より多様で寛容性に満ちた社会を、国際的・国内的に構築していく必要があるでしょう。

しかし、どうしたらそれが実現可能になるのでしょうか。

マジョリティの意識とそれを支えてきた「制度」を変えるためには、マジョリティ（と無自覚に考えている人も含めて）の「気づき」のチャンスを広げることが必要でしょう。繰り返しますが、マジョリティの人々にとって、自分たちの「ルール」（だけが）「あたりまえ」であり、「常識」なのです。別のものの見方、別の生活スタイルの存在に気づいてもらい、自分たちの「あたりまえ」が偏った「あたりまえ」であることの認識をもってもらう必要があります。

そこから、冷静に身の回りを観察し、認識を深める工夫も必要でしょう。それ以上に重要なのは、「現実の」マイノリティとの冷静なコミュニケーションのチャンスをつくり出すことです。「経験」が人を変えるのです。

ここ数年、ＬＧＢＴの人々が展開している戦略としての「アライ」（同伴者）という選択は、マイノリティとマジョリティの「現実の」出会いの場をつくり出しているとともに、かつてのラディカルなアイデンティティ・ポリティクスが時に持ち込んできた、「自分たち」と「他者」の「線引き」を、ずらし（もちろん、問題の初発には「やりすぎ」は必要だと思っています。「誤りを正すにはやりすぎなければならない」という言葉を思い出します）、いわばマジョリティを巻き込む形で、人々の「あたりまえ」を変えるという意味をもっているように思ってます。

と同時に、マジョリティの側からの動きも重要でしょう。社会的マイノリティについて、深いコミュニケーションを通じた共通認識を、マジョリティの側から生み出す工夫も必要だからです。マジョリティをどう変えるか、どう彼ら彼女らを、多様性と寛容の方向へ「巻き込む」ことができるか。それは、ＬＧＢＴ問題だけでなく、今後の人類の未来ともかかわる課題だと考えています。歪んだ社会的マジョリティ（であろうと思い込んでいる人たち）の擬似的アイデンティティ・ポリティクスを超えて、マジョリティの意識の変革にむけての歩みを着実かつ実践的に進める必要があるのです。

第 3 章

LGBTI の雇用と労働に関する国際労働機関（ILO）の政策

特定非営利活動法人 ILO 活動推進日本協議会　理事長

木村愛子

本章では、LGBTI の労働者に対する雇用・職業上の差別禁止について、ILO の政策の展開を概説します。その要点は以下の通りです。

まず、ILO の創設とその基本理念、ならびに国際連合との提携関係について述べます。

次に、ILO の LGBTI の労働者の人権を保障する政策の起源を述べた上で、2012年以降に開始された実態調査である PRIDE プロジェクトを紹介します。

最後に、ILO の LGBTI 政策が、ILO のディーセント・ワーク政策の重要な一環であることを説明します。

1　労働者の基本的人権を保障する国際諸組織の歴史

（1）ILOの創設とその基本理念

ＩＬＯ（国際労働機関）は、第1次大戦終結時の1919年に、社会正義の実現という基本理念に基づいて世界平和を守るために、当時の列強諸国によって創設されました。当時の労働諸環境や労働諸条件は、先進諸国においてすら非常に低劣で、労働者の人権は尊重されておりませんでした。そこで、ＩＬＯは、先ず、第1回総会において、男女すべての労働者の過長な労働時間を短縮するために、「工業的企業における労働時間を1日8時間かつ1週48時間に制限する条約」を採択しました。とりわけ、女性労働者に対する差別や労働状況が過酷であったことから、ＩＬＯは女性労働者の人権を保護するため、「産前産後の休暇」や「夜間労働の禁止」に関する条約も採択しました。ＩＬＯ憲章の中には、「男女同一賃金」の原則も規定されるなど、低劣な労働諸条件に起因する国際紛争を防止する努力がなされました。それにもかかわらず、間もなく、第2次世界大戦が勃発し、戦争に参加した国々の労働者達は、言語に絶する惨禍と苦難に見舞われました。

（2）国際連合の基本的人権保障措置とＩＬＯ

第2次大戦後、国際連盟に代わって創設された国連は、「世界人権宣言」、「国連憲章」、「市民的および政治的権利に関する国際規約」などの諸文書を採択し、基本的人権の尊重という理念に立って、あらゆる差別を禁止しました。ＩＬＯは、戦後、国連の労働問題専門機関として再発足し、国連の理念に基づいて、長時間労働の是正などの労働者全体の保護施策に加えて、当時、無権利状態に置かれて過酷な労働を強いられていた女性労働者たちの権利を保障する国際労働基準を次々に採択することになりました。

（3）職場における差別の撤廃

戦後、世界的に昂揚した男女平等運動を反映して、ＩＬＯは１９５０年代に2つの重要な平等条約を採択しました。１つは、「男女同一価値労働同一報酬」に関する第１００号条約（１９５１年）であり、他の1つは、「雇用及び職業における差別禁止」に関する第１１１号条約（１９５８年）であります。第１００号条約は、ＩＬＯ始まって以来の最初の男女平等条約として、非常に有名であります。また第１１１号条約は、雇用および職業に関する差別を幅広く禁止する条約として画期的で重要な条約でした。これらの両条約は、車の両輪ともいえる関係にあります。第１１１号条約は、人種、皮膚の色、宗教、政治的見解、国民的出身、社会的出身と並んで、性に基づく差別も禁止しましたが、条約採択当時の社会状況を反映して、本条約上、「性差別」は「男女間の差別」と限定的に考えられていました。第100号条約および第111号条約は、ともに、今日、ILOの基本8条約の中に加えられ最重要条約となっています。

（4）基本条約に対する日本政府の対応と課題

日本政府は、第100号条約を1967年に批准したものの、男女間の賃金格差は、現在なお先進諸国の中で最も大きく、ILO初め国内外から問題視されています。また第111号条約については、政府はいまだに批准しない姿勢を取り続けています。この条約を批准するために、加盟国政府は、「差別待遇を排除し、雇用または職業の機会および待遇の均等促進を目的とする国家の方針を明らかにすると同時に、この政策を推進していく上で労使団体の協力を求め、反差別待遇の法律を制定し、教育計画を進め、この政策と一致しない法令の条項を廃止し、政令および慣行を改正しなければならない」とされています[2]。

このことに関して、現在、日本の課題とされているのは、以下の点であると政府は説明しています[3]。

（1）条約は、雇用及び職業におけるすべての段階について、「人種、皮膚の色、性、宗教、政治的見解、国民的出身、社会的出身」の7つの事由による差別を禁止しています。しかし、現行法上、募集、採用段階における差別を禁止しているのは男女雇用機会均等法の規定で「性に基づく差別禁止のみ」であり限定的であります。雇用の条件や職業上の訓練については、労働基準法等で、ほぼ担保されています。

（2）条約の方針と両立しないすべての法令の規定を廃止し、行政上のすべての命令または慣行を修正するという見地から、例えば、労働基準法や船員法における「肉体的・生理的差異を考慮して就業・労働条件について『性に基づく区別（保護）』を設ける規定」や、国家公務員法・地方公務員法・自衛隊法における「行政の中立的運営を確保する観点から公務員の『政治的見解の表明の制限に関する区別（制裁）を設ける規定』などについて、条約との整合性につき個別的に検討して行く必要があります。

第111号条約の批准国数は、2017年1月現在、185加盟国中の172ヶ国という多数です。未批准国は、ブルネイ、クック諸島、日本、マレーシア、マーシャル諸島、ミヤンマー、オマーン、パラオ、シンガポール、タイ、トンガ、ツバル、米国の13ヶ国で、アジア諸国が多く、先進国は米国と日本だけでした。しかし、2017年6月13日にタイが、日本に先駆けて批准を果たし、既批准国は173ヶ国となりました。

この条約は成立の年代が古いことに加えて、原則の適用が漸進的に確保されることを規定する、いわゆる促進的な条約であって批准しやすいことから、批准国数が多いと考えられます。2019年に

ＩＬＯ創設１００周年をむかえるなか、日本が、第１００号条約の実効性を挙げるためにも、またＬＧＢＴＩの労働者の雇用平等を実現するためにも、第１１１号条約を早期に批准することが強く期待されます。

2　性差別禁止の歴史的展開

（1）「男女」差別禁止から「ＬＧＢＴＩ」差別禁止も含む「ジェンダー」差別禁止へ

ＩＬＯや国連におけるＬＧＢＴＩ差別禁止の活動に先駆けて、各国の労働組合の活動は１９８０年代の初頭から始まりました。１９８３年、オーストラリア労働組合会議（The Australian Council of Trade Union）が、「人種、皮膚の色、性、婚姻上の地位、性的指向、年齢、宗教、政治的見解、身体的外見、精神的障害、受刑記録、国籍、社会的出身」に基づく差別禁止を打ち出しました(4)。１９９４年以降は、英国、ドイツ、オランダ、米国、カナダ、などの労働組合の活動が顕著となり、１９９８年には、「労働組合、ホモセクシュアリティーおよび労働」に関する初の世界規模の大会が、英、独、伊の労働組合の支援の下に、オランダのアムステルダムで開催されました。この年には、国際教育世界会議が「レズビアンやゲイの教職員の権利保護」に関する決議も採択しています。

この頃から、ＩＬＯ加盟諸国では、「性的指向（sexual orientation）」に基づく差別禁止を憲法や法制上に規定する動きが高まりました。この動向に照らして、ＩＬＯ条約勧告適用専門家委員会は、１９９６年の第83回総会に提出した「雇用・職業における平等」に関する特別調査報告書の中で、「加盟諸国の間では、性的指向に基づく差別を禁止する法的措置をとるところが増加していて、いくつかの国々が性的指向という基準を導入しているので、第１１１号条約の規定も、この動向に照らして検討し直すべきである」との見解を示しました。[5] 同委員会が例示したのは、南アフリカ、ドイツ、フランス、オランダ、フィンランド、デンマーク、カナダ、米国のミネソタ州やマサチュセッツ州などの憲法や法制です。[6] ２０００年代に入ると、国際自由労働組合総連盟ＩＣＦＴＵや欧州労働組合会議ＥＴＵＣなどの労働組合の国際諸組織もＬＧＢＴＩの諸権利の保護を積極的に主張し始めました。これらの動向は国連およびＩＬＯのＬＧＢＴＩ政策に繋がってゆくこととなりました。

すなわち、ＩＬＯは、２００９年の総会で採択した「ディーセント・ワークの核心にあるジェンダー平等」と題する決議の中で、「第１１１号条約は、性に関連して新たな差別が現出することを予想しており、条約既批准国がそれらの新しい差別を（第１１１号条約の解釈に）追加することを容認している」[7] と述べて、同条約の規定の解釈を、歳月の経過に適合させることを示唆しました。ＩＬＯは、第１１１号条約の文言の中にＬＧＢＴＩに対する差別禁止を明記しておりませんが、１９９７年の「民間職業仲介事業所」勧告（１８８号）や２０１０年の「ＨＩＶおよびエイズ」勧告（２００号）は、性的指向に基づく差別を禁止する内容の規定を持っています。

（２）国連人権委員会におけるＬＧＢＴＩの人権保障決議

国連人権委員会委員であるノルウェー大使は、２００６年、人権委員会の委員18ヶ国を含む54ヶ国を代表して、「性的指向に基づく人権侵害に関する合同声明」を人権委員会に提出しました。この声明は、人権委員会が性的指向および性自認（gender identity）に基づく人権侵害について適正に留意することと、これらの重要な人権問題について討議する機会を作ることとを同委員会委員長に要請するものでした[8]。続いて２００８年にはアルゼンチンが66ヶ国を代表して、「性的指向と性自認を理由とする差別は人権侵害であるとする合同ステートメント」を国連総会に初めて提出しました。この声明は、国連の「世界人権宣言」採択60周年に当たるこの年に、同宣言第１条の「すべての人間は尊厳と諸権利において生まれながらに自由かつ平等である」という原則を再確認すべきであるとした上で、「性的指向や性自認を理由とする刑罰を禁止する措置をとること」を国連に要請するものでした[9]。

２０１１年６月17日、国連人権理事会は、南アフリカの提案に基づき、ＬＧＢＴＩの人々の人権を認める史上初の国際決議を採択しました。これは「性的指向や性自認に基づく人権侵害に関し、世界的に調査を行うこと」を要請するものでした[10]。南アフリカの提案には、世界全地域の42ヶ国が共同提案にまわり、賛成23、反対19、棄権３で採択されました。しかし、このような動きに対しては、アフリカ諸国、アジア諸国、イスラム諸国、ロシアなど、文化的・宗教的な立場の違いから反対する国々もいまだに少なくありません。例えば、パキスタンでは、50万人以上いるとみられるＬＧＢＴＩの

人々に対して、根強い差別意識があり、モスクで自由に礼拝を行う権利が認められていないということです。(11)

3　ＬＧＢＴＩの労働者の実態調査

（1）ＩＬＯのＰＲＩＤＥプロジェクト

ＩＬＯは、上記のような国連の動きに連動して、２０１２年、ノルウェー政府の支援を得て、「性自認と性的指向：仕事の世界における権利・ダイバーシティ・平等の促進（ＰＲＩＤＥ）プロジェクト(Gender Identity and Sexual Orientation：Promoting Rights, Diversity and Equality in the World of Work)」を開始しました。担当部局は、「労働諸条件および平等部、ジェンダー、平等、多様性課（Conditions of Work and Equality Department, Gender, Equality and Diversity Branch)」で、その部長は、２０１５年にＩＬＯ駐日事務所および日本ＩＬＯ協議会の招きで来日されたShauna Olney 氏です。(12)

調査の目的・対象

このプロジェクトの目的は、世界のＬＧＢＴＩ労働者に対する差別について調査・研究を行い、これらの労働者にとって有意な包摂を促進するための好事例を提示することです。調査の第１段階で対象とされたのは、アルゼンチン、ハンガリー、タイで、ひき続きコスタリカ、フランス、インド、インドネシア、モンテネグロ、南アフリカなどでも行われるということです。

調査方法

調査方法は、ＩＬＯのディーセント・ワーク（働き甲斐のある人間らしい仕事）のアジェンダの４要素、すなわち、①労働における基本的原則と権利、②雇用の促進、③社会的保護、④社会対話という４本柱に沿って行われますが、さらに、⑤労働の世界におけるＨＩＶ／ＡＩＤＳとＬＧＢＴＩ問題の間の相互作用に関連する特有の課題の評価に沿っても策定されました。

ＰＲＩＤＥは主に質的調査で、ＬＧＢＴＩの労働者の仕事の世界における諸体験について、結論的で一般化しうる結果を主張するものではありません。調査が目指すところは、机上調査、インタヴュー、対象グループのディスカッションなどを通じて、雇用と職業におけるインクルージョンを推進する主要な法律、政策、日々の推進力、障害の実態などを示そうとするものです。すでに、タイ[13]、インドネシア[14]および南アフリカ[15]については、詳細な研究報告書が出されています。

（2）調査結果報告書の要点[16]

LGBTIの労働者の雇用・職業上の実態の概要

予備調査の結果、ＬＧＢＴＩ労働者に対する差別と嫌がらせは一般的に存在し、差別は多くの場合、教育の段階から始まって、将来の雇用の可能性を阻害していることが判りました。差別は、就業の機会だけでなく、雇用のすべての場面で継続し、極端な場合には、いじめ、襲撃、性的・肉体的暴行を受けることもあります。これらの差別行為の原因は、通常、「異性愛が正常」とする社会通念（異性愛規範性）に不適合という認識や、行動・外見などについて「男性的」「女性的」という先入観であると見られます。アルゼンチンの調査では、一部の使用者がレズビアンの女性に対して、「その特徴や衣服の着こなしを変えて女性としての自己を肯定するよう求めた」という報告があります。ＬＧＢＴＩの労働者の多くは、差別的扱いや暴力を恐れて、自身の性的指向を隠します。これがストレスや不安に繋がり、生産性の低下を招きます。

トランスジェンダーの人々は、最も深刻な職場差別に曝されており、まず面接の段階で単に「外見」だけで排除されるとの報告もあります。職場内では、本人の望む性別や名前を反映させた身分証明書を取得できない、服装について使用者の抵抗がある、自認する性別に合ったトイレの使用が妨げられる、同僚からのいじめや嫌がらせを受けやすい等が挙げられています。

とくに、女性のトランスジェンダーの労働者は、正規雇用から完全に排除されています。一部の国では、危険な条件の下で行われる性的な労働以外に生き延びる選択肢がなく、ＨＩＶ感染のリスクが非常に高いことが報告されています。

労働における基本的原則および権利

同性間の性的関係は、依然として、76ヶ国で犯罪とされていて、ＩＬＯ加盟国の大半でＬＧＢＴＩの労働者の権利を守る法律が欠如しています。たとえ法律があっても、適用は十分といえない状態です。

ハンガリーや南アフリカなどでは、雇用法において、性的指向や性自認に基づく差別の禁止を明示しています。アルゼンチンのジェンダー・アイデンティティー法は、「人にはジェンダーを選ぶ権利がある」とし、公式文書においてもそれに基づいて識別されることを認めています。タイでは、雇用・職業においてＬＧＢＴＩの人々の明確な差別禁止規定はありませんが、憲法の「性別」のカテゴリーには、「性自認」や「性的多様性」が含まれています。

しかし、法律の制定だけでは差別を防ぐことはできません。進歩的な法律が存在する国でも、法外な金銭的コストや長引く法的手続きの所為で、労働者は必ずしも法的救済を享受できるわけではありません。調査によると、ハンガリー、アルゼンチン、南アフリカなどでは、使用者が気づくことで失職し、あるいは経済的損失を被ることがあり、訴訟手続きに対する信頼も欠如しているために、多くのＬＧＢＴＩ労働者が正式の訴訟を提起することに消極的であるということです。法の適用を効果的にするためには、労働者団体および使用者団体を含む社会の支援的態度が必須条件と考えられます。

雇用の促進

多くの進歩的な職場では、平等と多様性を推進する包括的な枠組みの一環として、ダイバーシティ政策を実施しています。このような取り組みは、ビジネスの視点からも有効で、偏見のない多様性に富む職場では、イノベーションが推進され、新な市場を生むことにも繋がります。調査によると、例えばハンガリーでは、「We're Open」(私たちは開かれている)キャンペーンを400社以上の企業が支持し、LGBTIの労働者たちの積極的な貢献が示されたということです。またアルゼンチンでは、LGBT連盟との協力で、「性的多様性に取り組む企業グループ」計画を通じて、企業が積極的に活動しているということです。

社会的保護

社会的保護は、結婚の平等や市民パートナーシップ制度と結びついています、LGBTIの労働者とそのパートナーや子どもたちは、医療ケア、年金、養子縁組の権利、育児休暇、児童手当を異性間カップルと同じ条件で受ける資格を持つからです。職場が提供する医療サービスには、多くのLGBTIの労働者が予防治療や支援サービスの利用をとまどうために障壁も存在します。

2015年5月の時点で、アルゼンチンや南アフリカを含む17ヶ国が同性婚を法的に承認しており、また23の国や地域では同性カップルに対して市民パートナーシップ制度があります。その一例がハンガリーで、2009年に同性カップルのために市民パートナーシップ制度を導入しました。アルゼンチンでは、同性カップルは異性カップルに提供されている生殖医療技術を受ける資格があり、医療行為やホルモン療法を受けているトランスジェンダーの人には、社会保障の適用があるそうです。本章末の追記１で紹介するキューバでは、これらの点で進んだ支援を行っております。

社会対話

ＩＬＯのディーセント・ワークの目標を達成する上で、政府と使用者団体および労働者団体間の対話は重要な役割を果たします。上述のように、国際的な労働組合はＬＧＢＴＩの労働者の権利について取り組んできました。また多くの使用者も先導的な役割を担い、多くの場合、法律が求める範囲を超える活動もしているようです。

調査によると、アルゼンチンでは、性的指向や性自認に関する非差別条項が公共部門の労働組合との労働協約に含まれていて、複数の労働組合が非差別の方針を組み入れ、ＬＧＢＴＩの労働者の利益を提唱しているということです。また、南アフリカの労働組合会議は、性的指向に基づく差別の禁止を採択し、ＬＧＢＴＩの労働者の権利を積極的に推進しています。さらに、法定の三者交渉機関である経済開発労働委員会は、ＰＲＩＤＥ調査の必要性を強く支持し、「長年の懸案だった取り組みである」と評価しているそうです。

ＬＧＢＴＩとＨＩＶの関連

調査によると、ＬＧＢＴＩとＨＩＶの状態を偽って関連付ける危険性があることが判りました。例えばアルゼンチンのインタヴューで、トランスジェンダーの女性がＨＩＶの状態を想定されて嘲笑されたと証言しています。ハンガリーとタイでは、特にゲイの男性が不特定多数との性交渉を行っていると非難されているそうで、彼らの多くがＨＩＶについて語ろうとしなかったそうです。ＨＩＶ問題がＰＲＩＤＥ調査の柱となることで、ＬＧＢＴＩのコミュニティが不名誉な烙印を押される恐れがあるとして異議を唱える調査回答者もあったそうです。

しかし、ＨＩＶを予防する提唱を行うことは、今後も、ＬＧＢＴＩの人々の権利提唱を促すものとして利用されると考えられます。

4　ＩＬＯのＬＧＢＴＩ労働政策

（1）ＩＬＯ事務局長の声明

ＩＬＯのライダー事務局長は、２０１３年５月17日のＬＧＢＴＩ差別反対国際デー（International Day against Homophobia and Transphobia）以降、毎年この国際デーにステートメントを発表してＩＬＯのＬＧＢＴＩ政策を表明しています。(17)

２０１６年のステートメントでは、「ＬＧＢＴＩ労働者の諸権利を守るためには、彼らの積極的な精神衛生と福祉の拡充が不可欠である」と強調しています。(18)

事務局長は、「ＩＬＯは、性的指向や性自認にかかわらず、すべての男女にディーセント・ワークを促進することに全力で取り組んでおります。ディーセント・ワークは、自由と尊厳の下でのみ存在します。すなわち、包摂（インクルージョン）と多様性（ダイバーシティ）を受け入れることを意味します。そのために我々は、あらゆる形態の不名誉な烙印や差別、差別を助長させる同性愛嫌悪やトランスジェンダー嫌悪の陰湿な役割に立ち向かうことを求められるのです」と述べています。

国連の「世界人権宣言第16条」は、「家庭は、社会の自然かつ基礎的な集団単位であって、社会および国の保護を受ける権利を有する」と規定しています。この理念に立って、ライダー事務局長は、最新の２０１７年5月17日のステートメントにおいて、「ＬＧＢＴＩの労働者達が仕事と家庭責任のバランスを充分に取れているかどうかが重要である」と強調しています。

すなわち、この年の差別反対運動の主題は、「愛が家族を作る」であるとし、世界人権宣言の理念に立って、「我々は、すべての形態の家族を祝う」と述べています。その上で、「職場で生起することはすべて家庭生活に影響する。だから、ＬＧＢＴＩ労働者が職場ですべての権利を享受し、仕事と家庭のバランスが取れていることが重要である。しかし、ＩＬＯの調査によると、職場の政策は、いまだに従来のヘテロノーマティヴな見解に基づいていて、問題の解決になっておらず、伝統的な家庭の規範に適合していないＬＧＢＴＩたちは、親休暇や福祉などから除外されることが少なくない。ＬＧ

ＢＴＩ労働者達の中には、差別・敵意・拒絶などを恐れて、インフォーマル・エコノミーや性的労働などに従事せざるを得ない場合もあり、ＨＩＶ／ＡＩＤＳなどへの罹患など、安全衛生上の問題も深刻である。このような状況の中では、彼らの子どもたちにもマイナスの影響が及ぶことが憂慮される」と述べています。

ＩＬＯ事務局長は、２０１７年のステートメントに結論として、国連の「持続可能な発展のアジェンダ２０３０」の原則が示すように、「ＬＧＢＴＩ労働者を置き去りにしてはならない。彼らとその家族の権利を守るために、皆で団結しよう」と呼びかけています。[19]

（2）健全な職場の創出に向けて

南アフリカをベースとして、雇用平等に関する啓発活動を行っているＧＡＬＡ（Gay and Lesbian Memory in Action）とＬＲＳ（the Labour Research Service）は、討議資料および利用し易い手引書「平等はすべての人の問題である：南アフリカの職場における同性愛嫌悪とトランスジェンダー嫌悪の排除（Equality is Everyone's Business : Eliminating Homophobia and Transphobia in South African Workplaces）」を作成し、労働者、使用者、人事管理マネージャー、労働組合、ＮＧＯの人々等を対象に、ＬＧＢＴＩ労働者に関する差別意識を改革するための勧告を行いました。その要点を、以下に紹介しておきたいと思います。[20]

職場への勧告

・ＬＧＢＴＩに関する職場の人権意識を向上させる教育プログラムや性的嫌がらせに関するプログラムを策定する。
・ＬＧＢＴＩの労働者が専門家のサービスやカウンセリングを受け得ることを保障する労働者支援プログラムを策定する。
・トイレや更衣室などを自分の性自認に適合するよう自由に利用できることを保障する。
・すべての労働者に父親休暇を提供する。
・家族や友人の中にＬＧＢＴＩの人々をもつ労働者と連携する。
・若者がＬＧＢＴＩの問題に参加するよう奨励する。
・労働組合の中でＬＧＢＴＩを可視化し、ショップスチュアードにＬＧＢＴＩを選出することを支援する。
・職場の政策言語を変える。例えば、「夫と妻」を「パートナー」とする。
・職場の服装規定を差別的でないもの、すなわちジェンダーを特定するものでないものにする。

政府への勧告

・すべての報告メカニズムにおいて、ＬＧＢＴＩについて、特別に報告する。
・連れ合いの定義の中に、「同性のパートナー」の規定を含むことを保障する。

・ＬＧＢＴＩの法的・経済的諸権利を保障し実施する。

使用者への勧告

・人事管理のスタッフに対して、ＬＧＢＴＩの問題に関する訓練を行う。
・会社がＬＧＢＴＩ差別を禁止していることを宣言する。
・ハラスメント禁止政策やプログラムを策定し実施する。
・差別禁止政策やプログラムを策定し実施する。差別と闘うことを目的とする教育プログラムを実施する。それを、労働力のすべてのレベルの人々や顧客が利用できるようにする。
・差別を受けたことのあるＬＧＢＴＩ労働者たちが、カウンセリングや福祉プログラムを利用できることを保障する。
・ＬＧＢＴＩ労働者や彼らのパートナーたちが休暇や手当を平等に享受できることを保障する。
・ジェンダーを特定する差別的な服装規定が職場に存在しないことを保障する。

市民社会に対する勧告

・職場におけるＬＧＢＴＩ労働者の権利について、労働省と連携する。
・職場におけるＬＧＢＴＩ労働者の権利について、労働組合や労働諸組織と連携するプログラムを策定する。

・職場におけるＬＧＢＴＩ政策の策定とその完全実施のためにロビー活動を行う。
・ＬＧＢＴＩ労働者の諸問題についてスタッフに訓練を提供する。
・ＬＧＢＴＩの労働者に関連する仲裁・裁定・調停などの委員会の手続きについて学ぶ。
・この分野で活動するサポート組織について情報を入手する。
・ＬＧＢＴＩ労働者に役立つ資料や支援サービスを策定し、あるいは資金作りに応募する。

研究者および研究所に対する勧告

・ＬＧＢＴＩ労働者の問題に関するよりスケールの大きい研究を開発する。
・支援のためのツールとして、この分野の知識ベースを策定する。
・ＬＧＢＴＩ労働者の職場プロジェクトを作るための資金を作る。
・この分野における包括的な政策の策定に寄与する。

おわりに

現在、ＩＬＯの60以上の加盟諸国がＬＧＢＴＩ労働者に対する差別を法的に禁止しています。しかし、ＰＲＩＤＥ調査によって明らかになったように、まだ多様性を容認する支援的環境が十分整っていないため、大多数のＬＧＢＴＩ労働者はカミング・アウトすることに消極的で、精神的に不安定となり、その結果、生産性の向上も阻害されることになっています。

ＩＬＯを含む国連の諸組織は、２０１５年９月、「ＬＧＢＴＩの人々に対する暴力と差別の撤廃に関する共同声明」を出し、すべての人々が、暴力、迫害、差別、恥辱を受けずに生きる平等の権利を持つべきであると宣言しています[21]。同年、国連が採択した「２０３０年持続可能な発展のアジェンダ２０３０（Sustainable Development Agenda）」は、「誰一人、取り残さない」ということを基本原則としており、ＩＬＯはＬＧＢＴＩ労働者の諸権利を守る上でも明確な国際指令であると指摘しています。ＩＬＯは、２０１８年の総会の議題に、「職場における男女労働者に対する暴力及び嫌がらせの廃止（Ending violence and harassment against women and men in the world of work）」を取り上げ、二年がかりで審議して、条約ないしは勧告の形の国際労働基準を採択する予定であるということです[22]。この新しい国際労働基準の中には、当然、ＬＧＢＴＩ労働者の雇用・職業上の差別禁止の条項も含まれるに違いありません。

日本でも、最近の報道によると、２０１６年に連合が行った働く人々１０００人に対する意識調査で、「上司や同僚が同性愛者や両性愛者だったら嫌だ」という人々が35％にも上りました。職場での差別については、81％が「なくすべき」とする一方で、「なくさなくてよい」とする人々も15・９％あり、まだこの問題に関する理解が進んでいないことが判っています[23]。職場におけるＬＧＢＴＩ当事者は８％に上っており、労使の意識改革が急がれます。

企業にとっても、ＬＧＢＴＩ従業員が心身ともに健全に働ける環境を整備することが、社会的責任としてはもとより、生産性の向上という観点からも極めて重要であります。外資系の企業の間では、積極的に改善に取り組むところが多く、ＬＧＢＴＩにフレンドリーな企業であることを宣言し、あるいは研修やイベントなどを企画して支援の輪を拡げる努力をしているところもあります。これらは企業評価の高さの指標になることでしょう。

日本政府が、働く人々すべての基本的人権を尊重し、ディーセント・ワークとディーセント・ライフをすべての人々に保障するという確固たる信念に基づいて、ＬＧＢＴＩ差別禁止法の整備を急ぐことが肝要です。それと同時に、一般市民も、ＬＧＢＴＩの問題を正しく理解し、多様性を認め合う寛容な社会を作る努力をしなければならないと考えます。

追記１

ＬＧＢＴＩの労働者の人権保障を積極的に推進している一例として、キューバを紹介します。キューバは沖縄と類似した明るい気候風土の社会主義国で、教育と医療は無償であり識字率は98％と高い国です。ジェンダー平等の理念に立つＬＧＢＴＩ差別の撤廃運動も盛んで、その先頭に立って国内外で活動しているのが、マリエラ・カストロ・エスパンです。マリエラは、故フィデル・カストロの姪、前首相ラウル・カストロの娘で、亡母ヴィルマ・エスパンは、１９５９年のキューバ革命において、チェ・ゲバラやカストロ兄弟と活動を共にしたジェンダー平等運動の先駆者でありました(24)。

筆者は、ハバナから車で片道約５時間のサンタ・クララで、マリエラと面会する約束を取り付けていましたが、その前夜のカストロの死去によって、これは実現できなくなりました。しかし、面会場所として指定されていた文化会館（El Mejunje）で、彼女の支援者たちと面談し交流するという貴重な経験をすることができました。

この日、マリエラに会うために集合していたのは、女性に対するDV、およびLGBTIの人々に対する暴力禁止の活動家たちでした。同行してくれた娘のスペイン語力に助けられて、筆者はマリエラに面会を希望した主旨を彼らに説明し、持参した私が理事長を務める日本ILO協議会の「Work & Life」誌をマリエラに手渡して欲しいと依頼しました。終始、和やかな雰囲気で過ごした彼らとのひとときは、筆者にとっては忘れ難い想い出となりました。

一方、「文化およびジェンダーの役割」について国際的に連続調査を続けているアメリカ大学女性協会The American Association of University Women（AAUW）は、2010年秋、48名の会員がキューバの各分野で活躍している女性たちに面接調査を行いました。この調査対象の中にマリエラも含まれていました。2011年に出されたAAUWの調査報告書によると、雇用については、「進展は見られるものの、伝統的な男性の分野では、女性たちはなおマイノリティでありガラスの天井は存在する。しかし、学術、音楽、芸術、医療、科学技術関係の分野での活躍は目覚ましい」と述べています。ハバナの街中には生演奏が溢れ、女性だけで編成された素晴らしいオーケストラも活躍していました。また教育については、「性教育が国の支援を受けて非常に進んでいる。カリキュラムの策定などの主導的役割は、マリエラが所長を務める国立性教育センターCENESEX（National Center for Sex Education）が担っている。この機関は、キューバ社会において性の多様性に関する認識を促進しLGBTIに対する差別を効果的に撤廃するため、差別の根源について科学的な研究を進めている。男性優位という古い観念を打破するために、この機関は、漫画や映画を用いて一般社会のジェンダー意識を改変する努力もしている。」と述べています。[25]

マリエラがLGBTI差別撤廃運動に熱心であることの1つの背景には、前述の亡母ヴィルマの影響が大きいと考えられます。ヴィルマは、社会正義の原則に立ってキューバ革命に参加し、後にキューバ女性連盟（The Federation of Cuban Women）の会長となりました。重病で亡くなる寸前までLGBTIやHIVの人々がキューバ社会から疎外されていることを案じ続けていたということです。CENESEXは、性別適応手術やホルモン代替療法を国費で受け得ることを保障する法律の制定を3年がかりで提案し２００8年にこれを成立させました。このことによって、キューバは、ラテン・アメリカの中でジェンダー問題に関し最も先進的な国になったといわれています。[26]

キューバはまた、国費の支援とCENESEXの活動によって、母子間のHIV感染防止についても世界で初めて効果を挙げ、WHOから評価されているということです。

財政を重視する現首相ラウルは、カナダ政府の仲介を得て２０１5年にオバマ大統領の米国と国交を回復しました。２０１6年には安倍首相もキューバを訪問し、キューバと日本との経済交流が進められることになりました。[27] その矢先、米国はトランプ新政権に移行し両国の関係は不透明な状況になって、キューバ国民は今後の成り行きを憂慮しています。しかし、カナダのトルドー首相は、２０１6年11月17日にハバナを訪れてカストロ首相と面会し、「トランプ政権の対キューバ政策がどのようになろうとも、カナダの外交政策は変わらない」と約束しています。[28]

（２０１7年6月28日）

追記2

１９１９年に創設されたＩＬＯは、働くすべての男女の基本的人権を保障するために、約１００年間にわたり、多くの国際労働基準を設定してきました。とりわけ、ＩＬＯの基本条約である「雇用及び職業における差別禁止」（第１１１号条約、１９５８年採択）は、「人種、皮膚の色、宗教、政治的見解、国民的出身、社会的出身、性に基づく差別禁止」を規定し極めて重要でした。しかし、前述のように、この当時、「性差別」とは「男女間の差別」と考えられ、今日から見ると極めて限定的なものでした。ようやく、20世紀末に至り、ＩＬＯ加盟諸国において「ジェンダー平等」の意識が高まるに伴って、「性差別」の概念も拡大解釈され、「ＬＧＢＴＩ差別」も含まれると考えられるようになってきました。

そのような中で、ＩＬＯは、２０１８年6月に開催された第１０７回総会において、新たに、「仕事の世界における男女労働者への暴力とハラスメントの禁止」に関する国際労働基準を設定する審議が開始されることになりました。その背景には、第１１１号条約が存在するにもかかわらず、仕事の場において、差別に基づく暴力やハラスメントは、世界的に根強く存在し、男女労働者の基本的人権が侵害され続けているという状況があります。特に、近年、米国を初めとして、性的ハラスメントを糾弾する、いわゆる「Ｍｅ Ｔｏｏ」運動が急速に高まり大きな問題となりました。

２０１８年のＩＬＯ総会で審議を行うために事務局が提出した条約案には、暴力やハラスメントの対象とされる可能性の高い労働者の類型が列挙されました。すなわち、（1）若年者および高齢者。（2）妊娠中・哺乳中の労働者、および家庭責任を担う労働者。（3）障がい者。（4）ＨＩＶを持つ労働者。（5）移民労働者。（６）原住民および部族民の労働者。（７）民族的あるいは宗教的に少数派に属する労働者。（８）カースト制度に関わる労働者。（９）ＬＧＢＴＩすなわち、レスビアン、ゲイ、バイセクシュアル、トランスジェンダー、インターセックス、ジェンダー・ノンコンフォーミング等の労働者たちです。ＩＬＯ加盟諸国の政府は、これらの労働者に対する全ての形態の暴力とハラスメントを禁止するため、法律と規則を制定し諸政策を策定しなければならないと規定されました。

この原案の審議に際して、米国政府から修正案が出されました。それは、「加盟国政府は、仕事における暴力とハラスメントよる被害が差別によって増加することを認識し、適切な措置をとるべきである」という主旨のものでしたが、事務局原案に列挙されていた被害を受けやすい労働者の類型は削除され、簡素で一般的な表現に止められました(29)。

この米国修正案に対して、使用者側代表は、「規範性の少ない方が良い」として、支持を表明しました。しかし、労働者側代表は、「多数の国際的ならびに国内的諸研究が示しているように、ＬＧＢＴＩの労働者たちは、他の労働者よりも、職場における暴力をより多く受けている」と主張して強く反対しました。

加盟諸国政府の意見は大きく分れました。米国政府修正案を支持したのは、クエート、インドネシア、イラン、アフリカ諸国を代表するウガンダ、ザンビア、日本で、「すべての労働者は平等に保護されるべきだ」というのが、その主張の根拠でした。これに対して、アルゼンチン、オーストラリア、ブラジル、カナダ、チリ、メキシコ、ニュージーランド、フィリピン、スイス、ＥＵを代表するフランスなどの政府は、「暴力やハラスメントに対して最も脆弱な労働者を明らかに例示することは重要なことだ」と主張して、米国政府の修正案に反対しました。

労働者側代表は、ＩＬＯ事務局が提示した原案の存続を強く主張し、同様の見解に立つカナダ政府やフランス政府からも強い賛同を得ました。しかし、連日連夜、厳しい委員会審議が続く中で、オーストラリアやニュージーランドなどから、翌２０１９年の勧告案審議の際に再検討するという妥協的な提案も出され始め、結局、「加盟各国は、仕事の場での暴力やハラスメントによって不当に影響を受ける脆弱な状況にある全ての労働者、すなわち女性労働者および脆弱なグループに属する労働者について平等の権利を保障するために、法律および規則を制定し、諸政策を策定しなければならない」という主旨の文言にまとめられ、これが採択されました。[30]ＬＧＢＴＩの労働者に関する事務局原案の規定も削除されたために、労働者側にとっては、極めて納得し難いものとなってしまいました。

条約案の審議に大半の時間が消費されたために、勧告案については全く審議できず、２０１９年の総会に委ねられることになりました。事務局が提案している勧告案においては、「差別を防止するための措置」という項目の中に、条約案の原案から削除された上記の文言が、そのまま規定されています。[31]この取り扱いが、２０１９年の審議の大きな課題の１つとなるでしょう。ＬＧＢＴＩの労働者たちの基本的人権を保障する上で、極めて重要と考えられます。[32]

この国際労働基準は、２０１９年6月のＩＬＯ総会で採択されることによって、正式にＩＬＯの条約及び勧告となります。これは、国連が提唱するＳＤＧｓ（持続可能な開発目標）の主旨に沿うものであるばかりでなく、この種の国際条約としては世界初のものです。まさに、ＩＬＯ創設１００周年を記念するに相応しい歴史的な成果となるに違いありません。

（２０１８年9月27日）

注

（１）三成美保「ＬＧＢＴ／ＬＧＢＴＩの権利保障――現状と課題」、特集／労働法におけるＬＧＢＴ問題、労働法律旬報２０１６年11月上旬号、16頁、注（49）参照。

（２）ＩＬＯ駐日事務所：「国際労働基準――ＩＬＯ条約・勧告の手引き　２０１６年版」42頁。

（３）ＩＬＯ活動推進議員連盟、２０１７年度　第２回勉強会資料「第１０５号条約及び第１１１号条約の批准に向けて――国内関係法令の洗い出しと批准に向けた課題」、厚生労働省大臣官房国際課よりヒアリング、２０１７年３月31日。

（４）"Trade Union Rainbow Rights: History". http://trade-union-rainbow-rights.org/c1983.htm（２０１７年７月７日閲覧）

（５）ILO: "Equality in Employment and Occupation", ILC 83rd Session, 1996, p. 109.

（６）同上、１０９～１１１頁。

（７）ILO: "Resolution concerning gender equality at the heart of decent work" adopted on 17 June 2009, para. 31.

（８）Strommen, H. E. Wegger CHR.: "2006 Joint Statement" submitted to the 3rd Session of the Human Rights Council, p. 2.

（９）ARC International: "2008 Joint Statement on Human Rights, Sexual Orientation and Gender Identity", delivered by Argentine on behalf of 66 States on 18 December, 2008, p. 3.

（10）国連人権理事会：「性的指向に関する画期的決議を採択」、Human Rights Watch, ２０１１年６月17日。

（11）東京新聞：「ＬＧＢＴ『モスクで礼拝したい』差別解消訴え」、２０１７年５月17日付け朝刊。

（12）ILO: "Discrimination at work on the basis of sexual orientation and gender identity: Result of the ILO's

PRIDE Project" Gender, Equality and Diversity Branch, 2012.

(13) ILO : "PRIDE at work, A study on discrimination at work on the basis of sexual orientation and gender identity in Thailand", Working Paper No. 3/2015, Gender, Equality and Diversity Branch, 2015.

(14) ILO : "PRIDE at work, A study on discrimination at work on the basis of sexual orientation and gender identity in Indonesia", Working Paper No. 3/2016, Gender, Equality and Diversity Branch, 2016.

(15) ILO : "PRIDE at work, A study on discrimination at work on the basis of sexual orientation and gender identity in South Africa", Working Paper No. 3/2016, Gender, Equality and Diversity Branch, 2016.

(16) ILO : "Discrimination at work on the basis of sexual orientation and gender identity : Results of pilot research", Governing Body, 319th Session, Geneva, 16–31 October 2013, GB. 319/LILS/INF/1, p. 2–3. 詳細については、Gender, Equality and Diversity Branch : Discrimination at work on the basis of sexual orientation and gender identity : Results of the ILO's PRIDE Project, ILO 2017 参照。

(17) ILO : "ILO Director-General's Statement on International Day against Homophobia and Transphobia", 2013. "Gender Identity and Sexual Orientation : Promoting Rights, Diversity and Equality in the World of Work", 2014. "LGBT workers entitled to equal rights and benefits at the workplace", 2015 などを参照。

(18) ILO : "The right to be yourself at work", ILO Director-General's Statement on International Day Against Homophobia and Biphobia, 17 May 2016 参照。

(19) ILO : "Making workplace policies supportive of all families", ILO Director-General's Statement on International Day Against Homophobia and Biphobia, 17 May 2017 参照。

(20) UN : "Joint UN statement on ending violence and discrimination against lesbian, gay, bisexual, transgender and intersex people" adopted by 12 UN entities（ILO, OHCHR, UNAIDS Secretariat, UNDP, UNESCO,

UNFPA, UNHCR, UNICEF, UNODC, UN Women, WFP and WHO), on 29 September 2015.

（21）UN: "Transforming Our World: the 2030 Agenda for Sustainable Development" adopted at General Assembly, 25 September 2015.

（22）ILO: Ending violence and harassment against women and men in the world of work, Report V (1), ILC 107th Session, 2018, ILO Geneva.

（23）東京新聞：「職場のＬＧＢＴ〝嫌〟35％、理解進まず差別暴言も・・連合が意識調査」、２０１７年１月８日付、朝刊。

（24）Juan Carlos Rodriguez: "Vilma—A special woman", Editorial Capitan San Luis, 2013, Habana, Cuba 参照。

（25）AAUW: "Gender Equality and the Role of Women in Cuban Society", February 2011, p. 3-7. Needle, Chael: "Mariela Castro: Cover Story", A & U Magazine, Mar. 4, 2016, p. 4-6.

（26）Reuters: "Cuba approves sex change operations", June 6, 2008. HEALTH-CUBA: "Free Sex Change Operations Approved", Inter Press Service, June 6, 2008.

（27）日本とキューバの交流の歴史は古く、１６１４年、仙台藩主伊達政宗の命を受けてスペイン、ローマを訪問した支倉常長が率いる遣欧使１８０名が約２週間ハバナに滞在したと言われています。ハバナ市内の公園には支倉の像が建立されており、市民は日本人に対しては友好的です。故カストロ首相は、２００３年、原爆慰霊碑を訪れ献花し、「人類の一人として、この場所を訪れ慰霊する責務がある」とのコメントを残しています。

（28）The Globe and Mail: "Trudeau offers fair shake for Havana with visit", November 17, 2016.（筆者はトロントからハバナへ向かうＡＩＲ　ＣＡＮＡＤＡ機内で同紙を入手。この記事は一面トップ写真入りで掲載されていました。）

（29）ILC：Provisional Record, 8C, 107th Session, Geneva, May-June 2018, 28 June 2018, p. 82.

（30）ILC：Provisional Record, 8A, 107th Session, Geneva, May-June 2018, 8 June 2018, p. 6.

（31）ILC：Provisional Record, 8A, 107th Session, Geneva, May-June 2018, 8 June 2018, p. 9.

（32）木村愛子：「働く女性イニシャティブとジェンダー平等問題　総会に参加して」、第１０７回総会特集、「Work & Life 世界の労働」、２０１８年、Vol. 4、日本ＩＬＯ協議会、２０１８年８月20日、24～30頁参照。

コラム3

韓国における軍とLGBT

法政大学教授
國分典子

２０１４年12月、韓国国家人権委員会は「性的指向・性的アイデンティティによる差別の実態調査（성적지향・성별정체성에 따른 차별 실태조사）」という研究報告書を著しました。学校内や社会における差別状況についてのアンケート調査とその分析が行われているこの報告書では、軍隊の問題についても採り上げられています。韓国には、周知のように男性には兵役の義務がありますが、軍隊についてのアンケートの回答者の内、「軍服務中又は終えた」ＬＧＢは２６１名、Ｔ（ＭｔＦ）は24名となっています。このことは、ＭｔＦのトランスジェンダーについても、医療的措置をいまだ受けていない状況で男性として身体検査を受け、兵役に服する場合が相当数あるということを示しています。

法制度上では、部隊管理訓令２５２条以下が「同性愛者兵士の人権を保護し、同性愛者兵士が他の兵士たちと同様に軍服務を行うことができるよう諸般の環境を保障することをもって、軍の戦力の向上および服務遂行の能率増進を目的とする」として、「同性愛者兵士の服務」というタイトルの1章を設けており、本人の同意のない限り、誰も「同性愛者」であることを漏らしてはならないこと、指揮官等は兵営内の兵士らに対して性指向性についてのアンケート調査などを通じて積極的な「同性愛者」識別活動を行うことはできないこと、指揮官等は「同性愛者立証趣旨」の関連資料などの提出・

要求を禁止すること、「同性愛者」に対して、セクハラ、性的暴力等を行った者を処罰すること、部隊内で性的少数者の人権についての教育を行うこと、等が定められています。しかし、このような保障の一環として、同訓令は、指揮官等は兵士がＬＧＢＴであることを知った場合、監察の対象として必要な保護・調整を行うことも定めています。このため、実際には監察対象になっていることが他者に知られ、場合によっては、それが黙示的・明示的なセクハラに繋がることが問題とされています。上記の国家人権委員会の調査では、対象者の30％近くがなんらかの差別にあったと報告しています。

さらに、部隊管理訓令では、「同性愛者兵士の兵営内でのすべての性的行為を禁止する」と定めており、このことは軍刑法における性的行為の処罰条項との関連でしばしば問題とされてきました。現在の軍刑法92条の6には、「肛門性交その他の醜行を行った者」に対する処罰規定があります。同規定は元々「鶏姦その他の醜行を行った者は1年以下の懲役に処する」（条文番号は現在と異なる）としており、「鶏姦」という用語が男性間の性行為を卑下する用語であり、同性間の性的行為のみを処罰することが過剰禁止原則に違反し、同性愛者の性的自己決定権や私生活の秘密および自由、平等権を侵害するという点が、裁判でも何度か争われてきました。この旧規定の違憲性を判断した憲法裁判所は、判旨の中で、「本件法律条項の立法目的は、軍内部の健全な公的生活を営むことであり、その主たる保護法益は『軍という共同社会の健康な生活と軍紀』という社会的法益であって、『個人の性的自由』等、個人的法益は主たる保護法益ではない」としており、また、「我が国の安保状況や徴兵制度下で、単純な行政上の制裁のみでは効果的に醜行行為を規制することが困難で、本件法律条項は他の法律に規定された醜行関連犯罪と比較してその法定刑が度を超えて重いとみることはできな」いと述べています。[1] 判断に際しては、本条項の規定する「その他の醜行」がどこまでの行為を含むのかが不明確な点、また、行為に強制を伴う場合に限定されるのか否か等も問題とされましたが、憲法裁判所はこの規定を合憲と判断しました。

この判断に際して憲法裁判所は、「その他の醜行」が何を意味するのかについて、「鶏姦に至らない同性愛性行為等、客観的に一般人に嫌悪感を起こさせ、善良な性的道徳観念に反する性的満足行為であって、軍という共同社会の健全な生活および軍紀を侵害することを意味するものであり、これに該当するか否かは行為者の意思、具体的な行為態様、行為者たちの間の関係、その行為が共同生活や軍紀に与える影響とその時代の性的道徳観念等、諸般の事情を総合的に考慮して慎重に決定しなければならない」とも述べています。このことは判断基準の曖昧さを残すものであり、また「同性愛性行為」を「善良な道徳観に反する」、「非正常な」行為とみなすものであるとして、学者や人権団体の批判の対象となっています。[2]

同性愛者の入隊を禁ずる国もあることを考えれば、韓国の部隊管理訓令には進んだ面もあります。が同時に、軍という特殊な環境でマイノリティの権利を実質的に保障するにはまだまだ大きな壁があることを示しているともいえるでしょう。

注

（1）２０１１年３月31日憲法裁判所決定（２００８헌가21）。２０１６年７月28日憲法裁判所決定（２０１２헌바２５８）も同旨。

（2）김명수「성적 소수자의 법적 차별에 관한 고찰」世界憲法研究18巻１号（２０１２年）76頁等参照。

第4章

LGBTが職場で直面している困難の法的解決に向けて

弁護士
永野　靖

LGBT に対するハラスメント、LGBT であることを理由とする採用拒否や解雇等の差別的取扱い、トランスジェンダーの職場における不当な処遇等、LGBT は職場において様々な困難に直面しています。その背景にあるのが、LGBT に対する嫌悪感と LGBT を想定していない社会制度です。本章では、LGBT が職場において直面している様々な困難について、性的指向や性自認が個人の人格に関わる属性であるという基本を踏まえながら、その法的問題点について論じていきます。さらに、企業自身が積極的に LGBT 施策に取り組んでいく必要性と、LGBT 差別禁止法制定を起点として、理解とカミングアウトの好循環を産み出す意義についても述べます。

1　ある法律相談の事例から

(1)「友情結婚」の相談

私は弁護士であり、性的指向や性自認が非典型な人（以下、本章では性的指向や性自認が非典型な人の総称として、便宜的に「LGBT」を使うことにします）の法律相談を受けていますが、2年ほど前に、こんな法律相談を受けたことがあります。

ある30歳台のゲイ男性は、10年近く一緒に暮らしている同性のパートナーがいるのですが、その相談者の職場は「男は結婚して身を固めてこそ一人前」という古い体質の職場で、上司から、いつ（女性と）結婚するのだとしばしば言われ、飲み会でもいつもからかいのネタにされるそうです。さて、その相談者の相談目的は、上司の言動はセクシュアルハラスメントだから、やめさせるようにするために会社と交渉したい、ということだったのでしょうか。そうではありません。相談者の相談内容は、上司や同僚からの結婚圧力をかわすために、レズビアン女性とお互い合意の上で、同居はしないで形の上だけで法律上の結婚をすることを計画しているのだが、何か法律上の問題で気をつけなければならないことはあるのか、というものでした（これは、ゲイとレズビアンが二人の間に性愛関係はないことをお互い納得ずくで結婚する、いわゆる「友情結婚」の一類型です。いわゆる「友情結婚」には、この相談者のように同居しないケースもありますし、実際に同居するケースもあります）。

日本以外のG7各国にはすでに国レベルで同性婚や同性パートナーシップ制度があり、この日本においても、渋谷区が条例で同性カップルに対してパートナーシップ証明を発行することが話題になり、約450名のLGBT当事者が日本弁護士連合会に対して、同性婚が認められていない現状は憲法違反であるとして人権救済申し立てを行う等[1]、同性婚実現へ向けた議論が始まっています。しかし、いまだに多くの職場ではLGBTに対する侮蔑的言動が飛びかい、LGBTが職場に存在していることさえ認識されておらず、男と女が結婚するものという「常識」が当たり前のように語られていることも多いのが現状です。こうした状況の中で、LGBTがLGBTであることを明らかにするのはとても大変なことであって、上述のような上司の言動をセクシュアルハラスメントとして問題化することは困難です。そのため、なかなか問題が顕在化せず、逆に、ゲイとレズビアンとの外形的結婚という無理さえ生じてしまうという抑圧の構造があります。

（2）LGBTに対する嫌悪とカミングアウトの困難

「性的マイノリティについての意識2015年全国調査報告書」（研究代表者：河口和也広島修道大学教授）[2]によると、職場の同僚が「同性愛者」だった場合にどう思うかとの問いに対して、「嫌だ」「どちらかといえば嫌だ」の合計で36・3％（男性は46・4％、女性は25・0％）、職場の同僚が「性別を変えた人」だった場合にどう思うかとの問いに対して、「嫌だ」「どちらかといえば嫌だ」の合計で32・5％

（男性は41・8％、女性は22・2％）という回答でした。連合（日本労働組合総連合会）が2016年8月25日に発表した「LGBTに関する職場の意識調査」(3)においても、「職場の上司・同僚・部下等が、いわゆるレズビアンやゲイ（同性愛者）、バイセクシュアル（両性愛者）であった場合、どのように感じるか」との問いに対して、「嫌だ」「どちらかといえば嫌だ」の合計が35％（男性は46・8％、女性は23・2％）、「職場の上司・同僚・部下等が、いわゆるトランスジェンダー（心と身体の性別が一致しない人）であった場合、どのように感じるか」との問いに対して、「嫌だ」「どちらかといえば嫌だ」の合計が26・3％（男性は38・0％、女性は14・6％）でした。2つの調査からは、職場において、約3分の1の構成員、特に男性は約4割前後がLGBTに対して嫌悪感を抱いていることがうかがわれます。

このように職場にはLGBTに対して嫌悪感を抱いている人がたくさんいますので、そのような職場においてLGBT当事者がカミングアウトするのは容易ではなく、実際に、カミングアウトしているLGBT当事者は少数に止まります。

上記連合の調査によれば、職場の上司・同僚・部下・後輩からカミングアウトされた、あるいはカミングアウトしていると聞いた人の割合はわずかに6・9％でした。また、上記河口教授らの調査によれば、「職場の同僚（現在過去を問わず）や、近しい友人、親せきや家族に同性愛者はいますか」との問いに対して、「いる」と答えたのはわずかに5・3％、「職場の同僚（現在過去を問わず）や、近しい友人、親せきや家族に性別を変えた、あるいはそうしようと考えている人はいますか」との問いに対して、「いる」と答えたのは1・8％にすぎませんでした。

ＬＧＢＴの人口に占める割合は数％と言われており（例えば電通が２０１５年に発表した調査では７・６％）(4)、職場でも十数人の部署なら１人はいることになります。しかし、ＬＧＢＴを嫌悪する同僚に囲まれ、ＬＧＢＴの存在を想定していない社会制度の中で、多くのＬＧＢＴはその性的属性を押し殺して何とか「世間」と折り合いをつけ、やり過ごしながら生きているのが実情です。その折り合いのつけ方として「友情結婚」という選択をする人もいるということになります。

私はここで「友情結婚」という選択をするゲイやレズビアンの当事者を批判しようというのではありません。どのような人生を選択するかはそれぞれの当事者が、それぞれの置かれた状況の中で自ら決めることであって、他人がとやかく言うべきことではないでしょう。ただ、「異性と結婚するのが当たり前」ではなく、この世の中には同性とパートナーシップを結びたいという人もいるのだということが多くの人の共通認識となり、職場の上司・同僚からの「（異性との）結婚圧力」などというものがなくなれば、「友情結婚」をする必要性もなくなるはずです。そのためにはどうすればいいのかを法的観点も含めて探っていくことが本章の課題でもあります。

2　職場における困難と法的問題点

ＬＧＢＴは職場においていろいろな困難に直面しますが、第２節では、そのうちからいくつかを取り上げ、その法的問題点について述べていくことにします。

（1）ハラスメント（侮蔑的言動）

どのような言動が問題なのか

①同性愛やトランスジェンダーを侮蔑する言動

すでに第1節でも述べましたが、ＬＧＢＴは職場において、同性愛やトランスジェンダーを侮蔑する言動にさらされています。「男らしさ」「女らしさ」の規範からはずれていることに対する侮蔑的言動もＬＧＢＴを傷つけます。

例えば、以下のような言動です。

・同僚の仕草がオネエっぽいと噂をして笑う

・いわゆる女性的な言葉づかいや物腰の男性職員を「ホモだ」と嘲笑する。

・「あの人、なかなか結婚しないけど、もしかしてこっち（手の甲を頬にあてて）じゃないの？」と噂する。

・「あの人、男、女？　どっちかわからないね」と性別を詮索する。

・「あいつホモなんだって？　俺、襲われちゃう」と（おしりを隠しながら）ふざけて笑う。

・男性職員どうしが仲良くしていると「お前たちホモじゃねえの」と茶化して笑う。

・「女なのにスカートはかないの？」

・レズビアンであることをカミングアウトしている女性に対して「レズビアンは女が好きなんだろ

う」と男性向けポルノ雑誌を無理矢理見せる。
・ゲイであることをカミングアウトしたら「言っとくけど、俺にはそういう趣味ないから」

② 多様な性のあり方を無視
また、直接的に同性愛を侮蔑している言動ではありませんが、従業員の性のあり方は多様であって性的指向は異性愛のみとは限らないにもかかわらず、相手やその場にいる職員の性的指向は異性愛であるという前提で語られている言動や、職員のライフスタイルは多様であってシングルとして生きるという選択をする人もいるにもかかわらず、結婚すべきであるという規範を押しつける言動も、結果として、その場にいるLGBT当事者を傷つけることがあります。

例えば、以下のような言動です。
・男性の部下や同僚を誘って風俗に行く。
・男性職員に対して「どんな女性がタイプ」「彼女いないの」としつこくきく。
・女性職員に対して「どんな男性がタイプ」「彼氏いないの」としつこくきく。
・男性職員の宴会で「女の話」でもりあがる。裸踊りをさせる。
・上司が部下に「まだ独身なのか」「結婚して身を固めてこそ一人前だ」と説教する。
・「出産経験のない女性はいつまでも成長しない」

法的問題点

①雇用機会均等法に基づくセクハラ指針

雇用の分野における男女の均等な機会及び待遇の確保に関する法律（以下「雇用機会均等法」といいます）11条1項は「事業主は、職場において行われる性的な言動に対するその雇用する労働者の対応により当該労働者がその労働条件につき不利益を受け、又は当該性的な言動により当該労働者の就業環境が害されることのないよう、当該労働者からの相談に応じ、適切に対応するために必要な体制の整備その他の雇用管理上必要な措置を講じなければならない」と規定し、同条2項では「厚生労働大臣は、前項の規定に基づき事業主が講ずべき措置に関して、その適切かつ有効な実施を図るために必要な指針を定めるものとする」と規定しています。

そして同項に基づいて制定された「事業主が職場における性的な言動に起因する問題に関して雇用管理上講ずべき措置についての指針」（平成18年厚生労働省告示第615号）（最終改正：平成28年8月2日厚生労働省告示第314号）「2　職場におけるセクシュアルハラスメントの内容」には「なお、職場におけるセクシュアルハラスメントには、同性に対するものも含まれるものである。また、被害を受けた者の性的指向又は性自認にかかわらず、当該者に対する職場におけるセクシュアルハラスメントも、本指針の対象となるものである」と明記されており、雇用機会均等法によって禁止されているセクハラにLGBTに対するセクハラも含まれます(5)。

したがって、事業主は、LGBTに対するセクハラを防止するための「雇用管理上講ずべき措置」

として、同「指針」が定めるとおり、ＬＧＢＴに対するセクハラを禁止する旨の方針を明確化し、どのような言動がＬＧＢＴに対するセクハラに該当するのかを社内報、社内ウェブサイト、パンフレット等に記載して周知したり、研修を行うこと、相談体制を整備すること、仮にセクハラが発生した場合には迅速かつ適切に対応すること、その際は相談者のプライバシーに配慮すること等が義務づけられています。事業主がこのような措置を講じなければ、厚生労働大臣等から報告徴収、助言、指導、勧告を受け、勧告に従わなければ、事業主名等の公表の制裁を受ける可能性もあります。

このように、ＬＧＢＴに対するセクハラが違法であることはすでに雇用機会均等法によって明確になっています。あとは、企業が雇用機会均等法を守って、ＬＧＢＴに対するセクハラを防止するための研修等を本気で実行していけば、ＬＧＢＴに対するセクハラはしてはいけないことなのだということが職場の共通認識になり、ＬＧＢＴに対するセクハラはなくなっていくはずです。

もっとも、厚生労働省は、同「指針」における「性的な言動」とは、性的性質を有する言動を指しているため、性的指向や性自認に関するいじめ・嫌がらせ等がすべてセクハラに該当するわけではないと考えている、との見解を示しており(6)、職場におけるＬＧＢＴに対するハラスメント防止をより徹底するためには、今後、性的指向や性自認に関するハラスメント全般について、雇用機会均等法と同様の義務を事業主に負わせる立法が必要であると私は考えます。

② 民事上の法的責任

雇用機会均等法上のセクハラに該当するか否かにかかわらず、性的指向や性自認に関するハラスメントは、性的指向や性自認という個人の人格にかかわる属性に対する侮蔑であり、また、多様な性的指向、性自認やライフスタイルを無視し尊重していないという意味において、個人の尊厳を損なう言動です。したがって、ＬＧＢＴに対する侮蔑的な言動をした発言者は、侮蔑的な言動によって傷ついた被害者の人格権を侵害したとして損害賠償責任（民法７０９条）を負う可能性がありますし、事業主も使用者責任（民法７１５条）を問われる可能性があります。

また、ＬＧＢＴに対するハラスメントの横行を放置していれば、事業主は雇用契約上負っている職場環境配慮義務（労働契約法５条参照）に違反するとして責任を問われる可能性もあります。

（２）採用時の性別欄の記載と「経歴詐称」

性別違和を有するが戸籍上の性別変更を行っていないトランスジェンダーの場合、求職時に大きな困難があります。本来の性別（自らが認識する性別）の服装、髪型で就職活動を行うときに、履歴書等の書類に戸籍上の性別を記載すれば、見た目と履歴書等に記載した戸籍上の性別が異なるので、トランスジェンダーであることがわかってしまうことになります。そうかといって、履歴書等の書類に自認する性別を記載すれば、戸籍上の性別とは異なることになり、入社後に経歴詐称だとして解雇等の不利益取り扱いをうけるのではないかという懸念も生じます。実際に、ＦｔＭトランスジェンダーが採用試験の際に行われた「性格診断テスト」の性別記載欄に「男」と記入したことについて、年金手帳の性別記載が「女」となっていることから、嘘をついたとして入社日に「採用取り消し」（解雇）と

なった事案もあります。(7)

しかしながら、解雇は客観的に合理的理由を欠き、社会通念上相当であると認められない場合は無効となるところ（労働契約法16条）、トランスジェンダーであることは業務遂行能力とは関係ありませんし、トランスジェンダーに対する無理解、偏見がある現状において、見た目と異なる戸籍上の性別を履歴書等に記載するとトランスジェンダーであることがわかってしまい不採用になるのではないかと心配するのはやむを得ないことなので、戸籍上の性別とは異なる性別を記載したことのみを理由とする解雇は、客観的に合理的理由を欠き、社会通念上相当であるとは認められず、無効とされる可能性が高いと考えられます。

（3）性的指向や性自認を理由とする採用拒否

具体的事例

トランスジェンダーであることを理由として採用拒否にあった事例がいくつか報告されています。ゲイやレズビアンについても、今後は採用時にカミングアウトした結果、同様に採用拒否にあう事例も出てくるかもしれません。

・（ＭｔＦトランスジェンダーだと）カミングアウトして就職活動をしたら、すべての会社を落ちた。(8) 同じ会社の違う店舗で、カミングアウトせずに受けたら、すぐに合格した（回答者は30代のＭｔＦ）。

・すべての企業で「ＦｔＭです」とカミングアウトして就活をしていた。戸籍は女性なのだが、男性として働かせてほしかったのと、学生時代にLGBTのことに取り組んでいたことを話したかったので。企業によってはカミングアウトした瞬間に面接を打ち切られたり、セクハラのような質問をされ続けたりした。(9)

・性別を記載しない履歴書で採用され、採用後カミングアウトした際「うちでは受け入れられない」と撤回された（回答者はＭｔＸ）。(10)

法的問題点

採用については、民法の契約自由の原則より、企業は誰を採用するかについての自由を有しており、思想・信条を理由に採用を拒んでも当然に違法とはならないとする判例もあります。(11) しかしながら、採用の自由は応募者の基本的人権を侵してまで認められているわけではありません。

厚生労働省は「公正な採用選考をめざして」というリーフレットの中で、採用選考は応募者の基本的人権を尊重すること、応募者の適性・能力のみを基準として行うことを基本的な考え方として実施することが重要であり、特定の属性を有する人を排除するのは憲法の規定する「職業選択の自由」や「法の下の平等」の精神に反するので、ＬＧＢＴ等の性的マイノリティを排除しないことが必要である旨明記しています。(12)

障害者の雇用の促進等に関する法律34条は「事業主は、労働者の募集及び採用について、障害者に対して、障害者でない者と均等な機会を与えなければならない。」と規定しており、性同一性障害との診断を受けている者については、同条の適用可能性が問題となり得ます。

雇用機会均等法5条は「事業主は、労働者の募集及び採用について、その性別にかかわりなく均等な機会を与えなければならない。」と規定しており、同条は男女の性別について規定したものではありますが、性的指向や性自認についてもその趣旨は妥当すると考えることもできます。

このように、応募者の職業上の適性や能力とは関係の無い属性を理由として採用を拒否することは許されないという考え方が一般的になっており、性的指向や性自認もまた応募者の職業上の適性や能力とは関係の無い属性ですので、性的指向や性自認を理由として採用を拒否することは許されないという考え方が社会の常識になりつつあると言えるでしょう。もっとも、現在のところ、性的指向や性自認を理由とした採用拒否を禁止する明文の法律はありませんので、そうした規定を含んだ法整備が望まれます。

(4) トランスジェンダーの職場における服装やトイレ・更衣室の利用等

S社性同一性障害者解雇事件

①事案の概要
トランスジェンダーが自認する性別の容姿で出勤したことが問題となった裁判例として、S社性同一性障害者解雇事件（東京地方裁判所平成14年6月20日決定）があります。[13] 今後の同種事例の参考になると思われますので、少し詳しくご紹介します。事案の概要は以下のとおりです。

Xは、生物学的性別は男性ですが性自認は女性であり、性同一性障害との診断を受けているS社の従業員です。性別適合手術を受けているとの判示はありませんので、同手術は受けていないものと思われます。XはS社からの配転の内示を機に女性の容姿で就労すること等女性として勤務することを認めてほしいとS社に申し出ました（以下「本件申出」といいます）が、その約20日後にS社はXに対して女性の容姿で就労することを認めないまま配転命令（以下「本件配転命令」といいます）を発したところ、Xは本件配転命令をいったん拒否しました。その後、Xは配転先に女性の容姿で出社したところ、S社はXに女性の容姿で出社しないよう求める業務命令（以下「本件業務命令」といいます）を発するとともに自宅待機を命じましたが、Xは本件業務命令に反して約1ヶ月にわたって女性の容姿で出勤しました。このため、S社はXが本件配転命令や本件業務命令に反したこと等を理由として、Xを懲戒解雇しました。

②裁判所の判断

結論として、裁判所は本件解雇は懲戒権の濫用に当たり無効と判示しています。主な理由は概ね以下のとおりです。

- 本件配転命令違反の点について

本件配転命令は業務上の必要があり合理的な人選を経て行われたものであって、相当なものと認められ、Xは本件配転命令に一旦応じた上で、S社に対し本件申出を受け入れるように働きかけることも可能であること等から、Xによる本件配転命令違反に正当な理由はなく、懲戒処分事由に該当する。

　しかし、S社がXに対し、本件申出を受けた1月22日からこれを承認しないと回答した2月14日までの間に、本件申出について何らかの対応をしたり、同回答をした際にその具体的な理由を説明したとは認められず、Xの性同一性障害に関する事情に照らすと、XがS社のこのような対応について強い不満を持ち、本件配転命令を拒否するに至ったのもそれなりの理由があるといえる。したがって、本件配転命令違反は懲戒解雇に相当するほど重大かつ悪質な企業秩序違反ではなく、本件解雇には相当性がない。

●本件業務命令違反の点について

　S社が、Xの行動による社内外への影響を憂慮し、当面の混乱を避けるために、Xに対して女性の容姿をして就労しないよう求めること自体は、一応理由があり、Xがそれに反したことは懲戒処分事由に該当する。

　しかし、Xの性同一性障害に関する事情に照らすと、XがS社に対し、女性の容姿をして就労することを認め、これに伴う配慮をしてほしいと求めることは、相応の理由があるものといえる。

　S社社員が女性の容姿をしたXに抱いた違和感および嫌悪感は、Xの性同一性障害に関する事情を認識し理解するよう図ることにより、時間の経過も相まって緩和する余地が十分あるものといえる。また、S社の取引先や顧客がXに抱き又は抱くおそれのある違和感および嫌悪感については、S社の業務遂行上著しい支障を来すおそれがあるとまでは認められない。のみならず、S社は、X

に対し、本件申出を受けた1月22日からこれを承認しないと回答した2月14日までの間に、本件申出について何らかの対応をし、また、この回答をした際にその具体的理由を説明しようとしたとは認められない上、Xの性同一性障害に関する事情を理解し、本件申出に関するXの意向を反映しようとする姿勢を有していたとも認められない。そして、S社において、Xの業務内容、就労環境等について、本件申出に基づき、S社、X双方の事情を踏まえた適切な配慮をした場合においてもなお、女性の容姿をしたXを就労させることが、S社における企業秩序又は業務遂行において著しい支障を来すとは認められない。したがって、Xの本件業務命令違反は、懲戒解雇に相当するまで重大かつ悪質な企業秩序違反であると認めることはできず、本件解雇には相当性がない。

③この裁判の意義

この裁判において、まず注目されるのは、裁判所が、Xが性同一性障害であり、「本件申出をした当時には、精神的、肉体的に女性として行動することを強く求めており、他者から男性としての行動を要求され又は女性としての行動を抑制されると、多大な精神的苦痛を被る状態にあった」と、自らの自認する性別にしたがって社会生活を送ることが個人の人格的生存にとって重要であるという趣旨の判断をしていることです。

その上で、本件業務命令は当面の混乱を避けるための措置として一応理由があるにすぎず、S社が「男性であるXが女性の容姿をして就労すれば、他の従業員が当該従業員に対し強い違和感や嫌悪感を抱き、職場の風紀秩序が著しく乱れる」と主張していたことに対しては、前述のように、他の従業員の抱く違和感や嫌悪感は、Xの性同一性障害に関する事情を認識し、理解するよう図ることにより緩和する余地が十分あると判示しており、また、S社の取引先や顧客がXに抱き又は抱くおそれのある違和感および嫌悪感については、S社の業務遂行上著しい支障を来すおそれがあるとまではいえないと判示しています。すなわち、Xが女性の容姿で就労することの重要性を踏まえた上で、女性の容姿で就労することが企業秩序や業務遂行に著しい支障を来すとは言えないとして、S社に対して、他の従業員がXの性同一性障害に関する事情を理解するよう図ることを求めており、今後の同種事例の参考になります。法律上の問題点の詳細は次項の経産省事件で合わせて述べます。

経産省事件（係争中）

①事案の概要

性同一性障害を有する40代の経済産業省（以下「経産省」といいます）職員の方（以下「X」といいます）が、自認する性別である女性として職場で処遇されることを求めて、現在訴訟になっているケースがあります。問題の所在を正確に把握していただくため、事案の概要を少し詳しくご紹介します。

Xは戸籍上の性別は男性ですが、性自認は女性であり、男性として入省後の1998年頃、性同一性障害との診断を受けました。その後、Xは職場では男性としての勤務を続けながら、女性ホルモンの投与や女性の容姿に近づけるための手術を重ね、プライベートな生活では女性として過ごすようになり、女性として社会生活を送る経験を慎重に積み重ねた後、2009年7月頃に経産省に対して女性として勤務したいと申し入れました。Ｘと経産省は約1年間話し合いを重ねた後、経産省側の要請によって所属部署の職員に対する説明会が行われ、Ｘは２０１０年7月頃から女性としての勤務を開始しました。経産省は、女性の身なりで勤務することや女性用休憩室の使用、乳がんの予防検診の受診等を許可しましたが、女性用トイレについては当面の間、Ｘが勤務するフロアから2階以上離れたフロアのトイレを使用するよう条件を付しました。経産省は、同説明会においてＸの離席後、他の女性職員複数名からＸと同じ女性用トイレを使用することについて「違和感がある」という意見があったと主張しています。その後のＸと経産省との協議の過程で、経産省は、Ｘが性別適合手術を受けて戸籍上の性別変更手続をしないのであれば、今後の異動先において、Ｘが性同一性障害を有し、戸籍上の性別が男性であることとの説明会を開いて同僚の理解を得ること、説明会を行わないのであれば、女性用トイレの使用は認めず、障害者用トイレを使用すること、という異動に際しての条件を示しました。Ｘは、このような異動条件を撤回するよう経産省と話し合いを続けましたが、異動条件の撤回はなされませんでした。そのため、Ｘは現在も同じ部署で勤務し、２階以上離れたフロアの女性用トイレを使用しています。

また、経産省が上記処遇をあらためず、また、上記協議の過程における経産省管理職の「なかなか手術を受けないんだったら、もう男に戻ってはどうか」等といった発言によって、Ｘは精神的に追い詰められて抑うつ状態となり、２０１３年2月から約1年2ヶ月の間、休職を余儀なくされました。

このような処遇を改善するよう、Ｘは２０１３年12月に人事院に対して行政措置要求を行いましたが、同院の判定はXの要求を退ける内容であったため、Xはこの判定の取り消しを求めて2015年11月13日に行政措置要求判定取消請求訴訟を提起するとともに、上記処遇や経産省管理職の発言が安全配慮義務違反や人格権侵害に該当するとして国家賠償請求訴訟を提起しました。

なお、Xは健康上の理由から性別適合手術を受けられず、戸籍上の性別変更手続ができないまま現在に至っています。

②経産省によるXの処遇の違法性

Xが2010年7月に女性の容姿で勤務するようになって以降、Xの性別をめぐって職場の内外で混乱が起きたことはありません。2階以上離れたフロアの女性用トイレ使用についても何の問題も生じていません。仮に女性用トイレをXと一緒に使うことについて同僚の女性職員が違和感を表明した事実があったのだとしても、まずは当該女性職員に対して性同一性障害とは何か、自認する性別で生きたいという要求の切実さ等について説明し、理解を求めることによって違和感が解消する可能性も十分にあり、この点は前述したS社事件の裁判例でも判示されているところです。しかし、本件において経産省は違和感を表明したという女性職員2名に対して何らかの働きかけを行った形跡がありません。

Xはすでに8年余の間女性としての職場生活を送り、周囲も女性としてXと接しています。Xの戸籍上の性別が男性であることは、もはや他人に知られたくないプライバシーです。それにもかかわらず、Xが異動先で性同一性障害であることを説明して、同僚の理解を得なければ女性用トイレを使用できないとする合理的理由があるとは言えません。また、Xがいつも女性用トイレではなく障害者用トイレを使用していれば、同僚はなぜXがいつも障害者用トイレを使うのかと不思議に思い、Xが性同一性障害を有することの露見にもつながり得ます。

本件についてはいまだ裁判所の判断は出ていませんが、以上のような事実に鑑みれば、経産省のXに対する処遇には合理的理由はなく、違法であると言わざるを得ないというのが私の見解です。

法的問題点

①性自認は個人の人格の核をなす

人は誰もが、自らの性別を男性として認識するのか、女性として認識するのか等という性自認を有しており、性自認は個人の人格の核をなす重要な構成要素であって、その人のアイデンティティの核をなしています。そして、人は性自認にしたがって、男性として、あるいは女性として社会において生活しています。多くの人は性自認と身体的性別、そして社会的性別が一致しているので、性自認にしたがって男性として、あるいは女性として生活して、何ら問題が生じません。しかし、トランスジェンダーの場合、性自認と身体的性別・戸籍上の性別は一致していないので、性自認にしたがって生活しようとすると、性自認と身体的性別・戸籍上の性別が一致していることを前提として構築されている社会における事物、制度、慣行、観念等の社会的障壁との間に矛盾衝突が生じてしまいます。

憲法13条前段は「すべて国民は、個人として尊重される」と定めており、この憲法の精神に照らしても、誰もがその性自認を尊重され、性自認にしたがって生きる権利があります。自認する性別で職場生活を送りたいというトランスジェンダーは、特別の扱いを求めているわけではありません。性自認が男性である他の男性職員と同様に男性として取り扱ってほしい、あるいは性自認が女性である他の女性職員と同様に女性として取り扱ってほしいと求めているにすぎません。合理的理由なく、本人の自認する性別を認めず、他の職員と異なる制約を課すことは、個人の人格権を侵害する違法な処遇となり得ます。

② 性自認尊重の必要性は戸籍上の性別変更の有無に関わらない

トランスジェンダーには、性別違和を抱えながらも戸籍上の性別のまま社会生活を送っている人、ホルモン療法等により少しずつ自認する性別に移行している途上の人、これから自認する性別で社会生活を送ろうとして職場でカミングアウトする人、すでに長年自認する性別で社会生活を送り周囲にはトランスジェンダーであることがわからない人、性別適合手術を行い戸籍上の性別も変更している人等、さまざまな当事者がいます。

性同一性障害者の性別の取扱いの特例に関する法律（以下「特例法」といいます）の要件を充たせば、戸籍上の性別を変更することが可能ですが、そのためには性別適合手術が必要です。しかしながら、トランスジェンダーの中には、性別適合手術を希望する人も、そうでない人もいます。また、健康上の理由や経済的な理由で手術を受けることができない人もいます。そもそも、性別適合手術は身体的な負担・リスクも非常に大きく、不可逆ですから、極めて重大な人生の決定事項であり、その人自身の意思が尊重されなければなりません。したがって、事業主は、トランスジェンダーの従業員が戸籍上の性別を変更していなくとも、本人と十分に協議し、職場の上司、同僚に対してトランスジェンダーに関する正しい知識を提供しながら、それぞれの個別的事情を踏まえて、できる限り本人の性自認にしたがった職場生活が送れるよう配慮すべきです。

（５）性的指向や性自認を理由とする解雇等の差別的取り扱い

例えば解雇なら労働契約法16条「解雇は、客観的に合理的な理由を欠き、社会通念上相当であると認められない場合は、その権利を濫用したものとして、無効とする。」の解釈適用の問題になりますが、性的指向や性自認はそれ自体業務上の能力や適性とは関係ありませんから、性的指向や性自認を理由とする差別的取扱いには合理性がなく違法となる可能性が高いと考えられます。

厚生労働省も『事業主が職場における性的な言動に起因する問題に関して雇用管理上講ずべき措置についての指針の一部を改正する告示案』に対する主な御意見と御意見に対する当省の考え方」において、「ＬＧＢＴであることを理由とした解雇等は、客観的に合理的な理由を欠き、労働関係法令上問題となるものと考えています」と述べています[14]。

なお、ＬＧＢＴの法律相談を多数手がける南和行弁護士が興味深い事例を紹介しています。すなわち、職場の上司宛に「そちらの大阪営業所の誰それさんは同性愛者です」という差出人不明の手紙が届いたり、本社の問い合わせフォームに「営業マンの誰それさんは同性愛者ですよ」という不審な投稿があったことをきっかけに、当人が人事担当者等から「本当に同性愛者なのか」と問い質され、個人の性的指向を詮索すること自体がセクシュアルハラスメントであるにもかかわらず、当人はそうした問題意識を持たずに困惑・狼狽し、ノーと言えば虚偽を述べたという後ろめたさや虚偽申告を理由に懲戒対象になるのではないかという不安に悩み、イエスと言えば「営業担当者が同性愛者だと取引先に迷惑がかかるかもしれない」と東京の管理部門に転勤を命じられたケースさえあり、南弁護士が「これは不当配転だ」とアドバイスしても、当人は「裁判をすれば会社全体に同性愛者であることが知れ渡ってしまう」などとして現状を受け入れ、いずれにせよ会社に対して何か物申すということはなく相談終了となるのだといいます。(15) 当事者にとっては会社に対して物申す多大なリスクと負担を回避する実に現実的な選択ですが、このようにして問題は潜在化していると推測され、だからこそ、次節で述べるとおり、企業自身がLGBTについて正しい知識を持って、積極的にLGBTに対する無理解、偏見を解消していく必要があると私は考えます。

3　LGBTの可視化と理解の好循環を生み出す法整備の必要性

(1)　企業がLGBT施策に取り組む重要性

これまで述べてきたようなLGBTの職場における困難を解消するためには、言うまでもなく、企業自身がＬＧＢＴについて正しい知識を持つことが少なくとも必要です。しかしながら、企業がＬＧＢＴの従業員の方から「このような困難がある」という申し入れがあるのを待っているだけではＬＧＢＴの職場における困難は解決しません。なぜなら、ＬＧＢＴの従業員が「このような困難がある」と企業に申し入れをするということは、同時に、自らがＬＧＢＴ当事者であるとカミングアウトすることを意味するからです。カミングアウトした相手である上司がＬＧＢＴについて正しい知識を持っているとは限りませんし、当該ＬＧＢＴ当事者の了解なく、当該ＬＧＢＴ当事者がＬＧＢＴであることという噂が職場に広まってしまう等のリスクがあることを考えれば、カミングアウトをするのは容易ではありません。

例えば、ある30代ゲイは「仲のいい同僚にカミングアウトしたら、翌日には職場中に噂が広まっていて、面と向かって『お前、ホモなんだって?』と言われて。仕事に身が入らず、そのうち『いじめ』がはじまり、とうとうそこで働き続けることができなくなった。」と述べています(16)。

ではどうすればいいのでしょうか。大切なのは企業がＬＧＢＴを支援する姿勢を明確に打ち出すことです。具体的には、ＬＧＢＴ支援宣言を発表すること、性的指向や性自認を理由とする差別やハラスメントの禁止を就業規則で明文化すること、すべての従業員に対してＬＧＢＴに関する研修を行うこと、ＬＧＢＴに関する相談窓口を設けること、相談の際には企業側がどの範囲で情報を共有するのかを明確にしプライバシー保護を徹底すること、ＬＧＢＴに対するハラスメントが発生した際には迅速かつ適切に対応できる体制を構築すること等です。このような取り組みがなされてこそ、ＬＧＢＴ

当事者である従業員は企業に対して、安心して「このような困難がある」と申し出ることができるでしょう。

（2）LGBT差別禁止法の必要性

一部の先進的企業では前述のようなLGBT施策に自主的に取り組む動きが出てきていますが、まだまだ点に止まっていますし、中小企業にはほとんど浸透していません。この動きを企業社会全体に広げていくために必要なのがLGBT差別禁止法です。

全国のLGBT関係団体で構成される「性的指向および性自認等により困難を抱えている当事者等に対する法整備のための全国連合会（通称：LGBT法連合会）」は、2016年5月、LGBT差別禁止法の試案を発表しました。この試案の中では、性的指向や性自認を理由とする差別の禁止を明文化し、国や地方公共団体に性的指向や性自認を理由とする差別の解消と性的指向や性自認を理由とする差別によって困難を抱えている人の支援に関して必要な施策を策定・実施することを義務づけるとともに、事業者に対しても性的指向や性自認を理由とする差別やハラスメントを防止し、差別やハラスメントを受けた人からの相談に応じ、適切に対応するために必要な体制の整備を義務づけています。(17)

LGBT差別禁止法には、その直接的な法的効果のみならず、すべての企業が性的指向や性自認を理由とする差別を禁止することを明確にし、研修等を行っていくことによって、企業内のLGBTがカミングアウトしやすい環境が生まれるという重要な事実上の効果があると期待されます。これまでは、無理解や偏見があるからカミングアウトしづらく、カミングアウトしづらいからＬＧＢＴが可視化されず、理解が進まないという負の循環がありました。これを、ＬＧＢＴ差別禁止法によって安心してカミングアウトしやすい環境を作ることで、カミングアウトと理解の好循環に切り替えていこうということです。

「性的マイノリティについての意識２０１５年全国調査報告書」（研究代表者：広島修道大学河口和也教授）(18)によると、職場の同僚が同性愛者だった場合に「嫌だ」「どちらかといえば嫌だ」と答えた人の割合は、「性的マイノリティが周りにいる」と答えたグループでは52・0％、「性的マイノリティが周りにいない」と答えたグループでは15・6％でした。また、職場の同僚が性別を変えた人だった場合に「嫌だ」「どちらかといえば嫌だ」と答えた人の割合は、「性的マイノリティが周りにいない」と答えたグループでは46・3％、「性的マイノリティが周りにいる」と答えたグループでは9・1％でした。このように、ＬＧＢＴに対する嫌悪感を持つ人の割合は、身近にＬＧＢＴがいる人の方が、身近にＬＧＢＴがいない人に比べ、顕著に少なくなっており、身近な人の中にＬＧＢＴがいると知ることがＬＧＢＴの受容につながることを示していると言えるでしょう。

ＬＧＢＴ差別禁止法を起点としてカミングアウトするＬＧＢＴが増えることで、職場の上司、同僚が、ＬＧＢＴは自分たちとは異なる訳のわからない人たちではなく、ごく身近にいる喜怒哀楽を有する職業人であり生活者であることを実感してＬＧＢＴを受け入れるようになり、そのことがさらにカミングアウトするＬＧＢＴを増やすという好循環を生むためにも、ＬＧＢＴ差別禁止法を制定することが是非とも必要だと考えます。

おわりに

憲法13条前段は「すべて国民は、個人として尊重される。」と定めています。これは、多様な個人の多様なあり方や生き方がそれ自体価値あるものとして尊重されるという意味であると私は理解しています。性的指向や性自認は個人の人格の核をなすものであり、その人その人の性的指向や性自認が尊重されなければなりません。性的指向が同性愛であるが故に、あるいは性自認と身体的性別が一致していないが故に、侮蔑されたり、嘲笑されたり、社会制度上不利益を被るような社会は、ＬＧＢＴが「個人として尊重」されていない社会です。

現在、国会ではＬＧＢＴ差別解消に関する法律制定に向けた議論が始まっています。すべての人がその性的指向や性自認にかかわらず等しく基本的人権を有するかけがえのない個人として尊重される社会を実現するため、国や地方公共団体が性的指向や性自認に関する無理解、偏見を解消し、理解を促進していく責務を負う。こうした趣旨の条文を作ることでは与野党とも一致しており、その背景にあるのが上述した憲法の考え方なのです。その人その人の性的指向や性自認が尊重される社会にするため、今後の立法の動きに是非とも注目してください。

注

（1）同性婚人権救済申し立てについては、同弁護団のウエブサイトを参照。http://douseikon.net/?p=245

（2）「性的マイノリティについての意識２０１５年全国調査報告書」（研究代表者：広島修道大学河口和也教授）http://alpha.shudo-u.ac.jp/~kawaguch/chousa2015.pdf（２０１７年６月26日閲覧）

（3）連合（日本労働組合総連合会）「ＬＧＢＴに関する職場の意識調査」https://www.jtuc-rengo.or.jp/info/chousa/data/20160825.pdf（２０１７年６月26日閲覧）

（4）「ＬＧＢＴ調査２０１５」株式会社電通ウエブサイト（２０１７年６月22日閲覧）

（5）http://www.mhlw.go.jp/file/06-Seisakujouhou-11900000-Koyoukintoujidoukateikyoku/0000133451.pdf（２０１７年６月30日閲覧）

（6）平成28年８月２日厚生労働省雇用機会均等・児童家庭局雇用均等政策課「事業主が職場における性的な言動に起因する問題に関して雇用管理上講ずべき措置についての指針の一部を改正する告示案」に対する主な御意見と御意見に対する当省の考え方　file://C:/Users/user/Downloads/t49516007301.pdf（２０１７年６月27日閲覧）

（7）内藤忍「性的指向・性自認に関する問題と労働法政策の課題」季刊労働法２５１号９頁。労働局のあっせん事案です。同事案であっせん委員は日立製作所採用内定取消無効確認訴訟判決（横浜地判昭49・6・19）を参考にあっせん案を提示したといいます。同判決は、在日韓国人である労働者が採用申込の際に提出した履歴書、身上調書の本籍欄に日本における出生地、氏名欄に生まれたときから使用している日本名を記入したことについて、日本の企業が多くの場合在日朝鮮人というだけで採用を拒むという現実等を考慮すると、詐称に至った動機は極めて同情すべきで、原告を会社内に留めておくことができないほどの不信義性があったとは言えないとして、採用内定取消を無効とした判決です。あっせん委員は、トランスジェンダーが戸籍上の性別ではなく本来の性別（自ら認識する性別）を履歴書等に記載することについても同様のやむを得ない事情があると判断したのでしょう。本書第1章4（2）も参照。

（8）特定非営利活動法人虹色ダイバーシティ・国際基督教大学ジェンダー研究センター共同研究「ＬＧＢＴに関する職場環境アンケート２０１４」©Nijiiro Diversity, Center for Gender Studies at ICU 2014

（9）特定非営利活動法人ＲｅＢｉｔ代表理事藥師実芳他「ＬＧＢＴってなんだろう?」68頁

（10）特定非営利活動法人虹色ダイバーシティ・国際基督教大学ジェンダー研究センター共同研究「ＬＧＢＴに関する職場環境アンケート２０１６」©Nijiiro Diversity, Center for Gender Studies at ICU 2016

（11）三菱樹脂事件（最大判昭48・12・12）

（12）http://www2.mhlw.go.jp/topics/topics/saiyo/dl/saiyo-01.pdf（２０１７年６月30日閲覧）

（13）労働判例８３０号13頁

（14）平成28年８月２日厚生労働省雇用機会均等・児童家庭局雇用均等政策課「事業主が職場における性的な言動に起因する問題に関して雇用管理上講ずべき措置についての指針の一部を改正する告示案」に対する主な御意見と御意見に対する当省の考え方　file:///C : /Users/user/Downloads/t49516007301.pdf（２０１７年６月27日閲覧）

（15）南和行「ＬＧＢＴ当事者、主に同性愛者からの法律相談」（季刊・労働者の権利２０１５年10月号72頁）

（16）柳沢正和・村木真紀・後藤純一『職場のＬＧＢＴ読本』実務教育出版、２０１５年、１２４頁

（17）ＬＧＢＴ法連合会のウエブサイトを参照されたい。http://lgbtetc.jp/

（18）「性的マイノリティについての意識２０１５年全国調査報告書」（研究代表者：広島修道大学河口和也教授）http://alpha.shudo-u.ac.jp/~kawaguch/chousa2015.pdf（２０１７年６月26日閲覧）

第 5 章
LGBT の就職と就労

認定特定非営利活動法人 ReBit　代表理事
薬師実芳

トランスジェンダーの87.4％、同性愛者や両性愛者の42.5％は就職活動の選考時に性的指向や性自認に由来した困難等を覚えるとの調査もあり、LGBT は就活時や求職時に困難を抱えております。しかし、性的指向や性自認は見た目だけで第三者が判断することができず、また採用面接時や就労支援機関でのカミングアウトが困難であることから、LGBT の求職者は「いない」とされやすく、だからこそ困難が可視化しづらいです。

本章では、LGBT の就活／就労における困難を、学齢期／就活期／就労初期にわけて紹介します。また、LGBT も自分らしく働く職場づくりにおいて職場が求められていること、就労支援機関で求められる支援体制について紹介するとともに、LGBT の就活生支援を行う認定 NPO 法人 ReBit の事例を紹介します。

1　ＬＧＢＴの就職活動（就活）の現状

ＬＧＢＴおよび性的マイノリティ（以下、性的マイノリティと略す）は国内人口の約５～８％[1]と言われます。２０１６年３月卒の大学新卒の就活生は43万人を超え[2]、性的マイノリティの新卒就活生は２・15万人～３・44万人とも想定できます[3]。

しかし、セクシュアリティ（性のあり方）は見た目で第三者が判断することはできません。また、特に職場でのカミングアウトは困難であることから、「見えないし言えない」ＬＧＢＴは「いない」とされてしまいやすく、職場の人権課題から抜け落ちてきました。また、働くＬＧＢＴのロールモデルが可視化されていないことや、職場や就労支援機関の理解と支援体裁の不足から、ＬＧＢＴの就活生にとってさまざまな困難が生じ、またそれを相談・解決することが難しくなっています。現状、生まれたときのからだの性をもとに割り当てられた性と、自認する性が異なるトランスジェンダーの87・４％、同性愛者や両性愛者の42・５％が、就職活動の選考時に性的指向や性自認に由来した困難等を感じるといいます[4]。また、２０１６年に厚生労働省は『公正な採用選考の基本』にて、公正な採用選考を行うためには、ＬＧＢＴ等性的マイノリティなど特定の人を排除しないことが必要であると明記し、採用における取り組みが求められています。

2　LGBTの就活における困難

LGBTが就活／就労においてどのような困難を感じているかについて、各時期にあわせ考えてみましょう。

(1) 学齢期

LGBTのキャリア形成における困難は、履歴書記入や選考面接等、就職先決定のためのいわゆる就活のずっと前から生じています。例えば、小学校で将来の夢を聞かれたとき、中学校で進路を考えるときなど、自身の生き方やキャリアを考える際、身近にLGBTの大人がいると気付きづらいことや、キャリア教育の中でもLGBTが想定されていないため、自身がどのように生きていけるのか、そしてどのように働けるのか選択肢が見えず、キャリア形成を困難にします。また、そのことは進路選択の困難にもつながりかねません。

声：

LGBTの大人に会ったことがなかったから、仕事をしたり、かぞくやパートナーをもったり、友人関係を築いたり、「普通に」生活をしている姿をイメージできなかった。将来に対する不安がいつもあっ

て、進路を決めるときもなかなか勉強に身がはいらなかった。（20代・ゲイ）

初めて「自分は、働けないんだろうな」と思ったのは、小学校の職業体験、体験学習の中で見えてきた「働く人」は男性か女性だけで、その人たちが働く社会っていうのも規範的な家族を前提とした社会なのだな、と感じたのを覚えています。例えば、電車の運転手を職業体験したとして、「でもこの男性用と女性用に分けられた制服のどちらかを着ないといけないんだったら、自分はなれないな」と、その時点で選択肢がひとつなくなるように感じました。その後も、進路を考えようという気持ちにもなかなかなれませんでした。「自分は大学に行ったとして、それでどうなるんだ」と。一般的な、『企業就職』という道はないと漠然と思っていましたし、そもそも大人になれるというビジョンを持てませんでした。（20代・FtXトランスジェンダー）

（2）就職活動期

①就職活動のジェンダーの壁

就職活動を始める際、直面する壁は大きく２つあります。１つ目に、ジェンダーの壁です。就職活動の際、男性・女性でわかれていることは多く存在します。例えば、スーツや靴、鞄、髪型、マナー、座り方ひとつをとっても男性・女性でわかれており、エントリーシートにも性別記入欄があります。国内で性同一性障害の人はいくつかの要件を満たせば、戸籍を望む性に変えることができますが、その中には「生殖腺がないこと又は生殖腺の機能を永続的に欠く状態にあること」という、性別適合手術が必須となる条件が備えられています。経済面、健康面、周りの無理解などにより本人が望んでいたとしても性別適合手術を受けることが困難であったり、もしくは本人がそのような懸念等から希望をしない場合もあります。そのため、就活の際に職場で扱われたい性別と戸籍上の性別が異なる性同一性障害の人は少なくないため、自認する性別で就職活動をしていいのか、もしくは戸籍上の性別で就職活動をせざるを得ないのか戸惑うことも多いでしょう。また、特にXジェンダー(5)の人の場合、男性・女性でわけられること自体が働きづらさにつながる場合も少なくないでしょう。

声：

就活で感じた最初の「壁」は、リクルートスーツと「あるべき就活生像」についてでした。男女で服装や髪型、マナーまでも分かれており、就活生は一般社会より強いジェンダー規範でくくられているように感じました。企業によっては、男女で説明会日程を分けていたり、男女での実質の仕事内容や昇進の仕方が違ったり。エントリーシートの性別欄も、特にトランスジェンダーにとっては困難になりやすいです。就活の入り口で見える景色があまりにも男女でわかれており、それに当てはまらない人を排除するからこそ、特にトランスジェンダーの就活生は就活の入り口にも立てない現状があります。（20代・FtXトランスジェンダー）

企業説明会やウェブに掲載されている「先輩社員のライフコース」例を参考にしたが、掲載されている人が男女のどちらかにわかれ、そして結婚や子育てが前提となっていたため、ロールモデルを見つけることはできなかった。また、男女規範が強い国内企業の男女を大事にする企業や職種では働けないだろうと思い、選択肢がどんどん狭まっていった。（20代・ジェンダークィア(6)パンセクシュアル(7)）

②就活のカミングアウトの壁

就活をはじめる際、直面する２つ目の壁は、カミングアウトの壁です。ＬＧＢＴが見た目ではわからないのと同様に、アライ（ＬＧＢＴの理解者）も見た目で判断することはできません。そのため、カミングアウトをすることで差別的な対応を受けるケースや、それを恐れカミングアウトができないケースがあります。

就労支援機関へのカミングアウト

キャリアセンターなどの就労支援機関へカミングアウトをする際、支援者に理解や知識がないと、差別的な対応を受ける場合があります。また、ＬＧＢＴの就活生への支援経験が少ないと、適切な支援ができない場合もあるでしょう。差別的な対応を恐れ、カミングアウトをしないケースは少なくありませんが、その場合は就活におけるセクシュアリティに関する困りごとを相談できず、適切な支援を受けられません。なお、就活でのセクシュアリティに関する困りごとや悩みを就労支援機関に相談していないＬＧＢＴは95・9％との調査もあり(8)、支援機関への相談にはハードルがあると考えられます。

声：
大学のキャリアセンターに就活相談に行った際に、自身のセクシュアリティについて話したら、「セクシュアリティは隠しておいたほうがいい、少なくとも今の日本では。これは、あなたのためを想ってのアドバイスです」と言われた。（20代・ＦｔＸパンセクシュアル）

1学年5000人程度いる大学だったのに、キャリアセンターでセクシュアリティをオープンにして相談すると、いままでＬＧＢＴの人は一度も来たことがないと言われた。また、職員にも知識がなかったので、ＬＧＢＴの説明に30分ほどかかり、結局ほとんど就活の相談はできなかった。（20代・トランスジェンダー男性／パンセクシュアル）

応募企業・組織へのカミングアウト

応募企業・職場へのカミングアウトをする場合、同じく人事や面接の担当者に知識がなく差別的な対応が生じる可能性があります。また、選考において性的指向や性自認により差別をしないことが明文化されていない企業においては、カミングアウトをした場合に選考結果に影響するのではないかという懸念がぬぐいきれません。また、そのような差別的な対応や選考への影響がいつあるかわからないことが、心理的プレッシャーを大きくします。差別的な対応を恐れ、カミングアウトをしないケースは少なくありませんが、セクシュアリティはアイデンティティの一部だからこそ、例えば、同性婚について研究するために法律の勉強に取り組んできた人がその取り組みについて話せない、自身がLGBTであることでマイノリティの声に耳を傾けたいという原体験をもつ人がその想いを伝えられないなど、就活の際に話せないことが多くなり、結果として自身の強みを発揮できないことにもつながりかねません。また、自身のアイデンティティを隠したり、話せないことを避けるために仕方なく「嘘」をつきながら就活をすることは、心理的プレッシャーを大きくします。また、カミングアウトをしないことで、働きはじめてからの職場でのセクシュアリティに関する心配等についても相談することができないため、入社後の働きづらさにつながる場合もあります。

声‥

戸籍が女性である僕が男性として働くためにはカミングアウトをせざるを得ないですが、「カミングアウトしたら働けないのでは?」といつも不安でした。差別禁止規定にLGBTについて記載していない企業においては、就職活動の際に落ちる度に、「もしかしたらセクシュアリティのせいかな?」という想いが頭をよぎりました。また、実際に面接の際に性同一性障害であることを伝えると「帰れ」と面接を打ち切られ帰らされたり、最終の役員面接で「体はどうなっているんだ? 子どもは産めるのか?」とセク

ハラを受けることもありました。（20代・トランスジェンダー男性／パンセクシュアル）

私は学生時代に取り組んだことが、LGBTのイベント運営でした。いざエントリーシートを書く際に、どこまで書こうか迷いましたが、私にとってこれほどまでに「学生時代に頑張ったこと」はなかったので、必要に応じて書類選考や面接でカミングアウトすることにしました。面接官によっては「セクシュアルマイノリティ」という単語を口にしただけで「え、そんなことに興味があるんですか…？　なんでまた…」と、否定的な態度を取られたこともありました。そういった否定的な反応にひどく疲れてしまうこともありました。（20代・パンセクシュアル）

（3）就労初期の困難

ＬＧＢＴは働きはじめてからも、困難が存在します。差別的な言動がある職場や、多様な性が想定されていない職場は、働き続けることを困難にします。

①ハラスメントと人間関係

性的指向（Sexual Orientation）や性自認（Gender Identity）によるハラスメントを略して〝ＳＯＧＩハラ〟とも呼ばれており、それらをなくすための取り組みが求められています。厚生労働省は「事業主が職場における性的言動に起因する問題に関して雇用管理上講ずべき措置についての指針（セクハラ指針）」に、「被害を受けた者の性的指向又は性自認にかかわらず、当該者に対する職場におけるセクシュアルハラスメントも、本指針の対象となる」と明記しました（２０１７年１月施行）。また同年、厚生労働省発行のパンフレットにもＬＧＢＴに対する性的な言動や行動についても対象であることが明記されました。これにより、ＬＧＢＴに関するセクシュアルハラスメントは職場の「人権問題」として明確化され、方針の明確化、社員へ方針を周知徹底するための研修等を行うこと、懲戒規定の作成、などが防止対策として求められています。また、東京都「オリンピック憲章にうたわれる人権尊重の理念の実現を目指す条例」（２０１８年10月施行）では「都、都民及び事業者は、性自認及び性的指向を理由とする不当な差別的取扱いをしてはならない」など、性的指向・性自認を理由とする差別禁止が明記され、東京都内の全ての企業の義務となり、対応が求められるなど、行政でも対応が進められています。

２０１６年に厚生労働省は『公正な採用選考の基本』にて、公正な採用選考を行うためには、ＬＧＢＴ等性的マイノリティなど特定の人を排除しないことが必要であることを明記し、採用の現場での取り組みの必要性も示されています。しかし、いまだハラスメントにより、内定切りを受けたり、退職せざるを得ない状況に追いやられるケースも少なくありません。また、社内のセクハラ相談窓口がＬＧＢＴに関するハラスメントを相談できる体制であるとは知らずに、あるいは実際にそういった体制ではないため相談ができなかったり、相談をしても二次被害にあうケースもあります。

カミングアウトをしている場合、職場の無理解により差別的待遇や、昇進への影響、いやがらせやハラスメントなどが生じる場合があります。しかし、カミングアウトをしなければハラスメントを受けないということではありません。例えば「もっと男らしくしろ」などジェンダー規範の押し付け、「結婚しないのか?」など異性愛者であることを前提とした発言、「まさかうちの部署にＬＧＢＴの人なんていないよ」など性の多様性を想定しない発言により、発言者に悪気がなくとも傷つけてしまったり、ハラスメントとなることも少なくありません。

声：

在職しながら性別移行をする際、なかなか周りから受け入れてもらえない。「元男だから」という理由で男性から気易く触られたり、「セックスはどうしているの?」等性的な話をされる。メディアの中でのオネェやニューハーフの方と同じような扱いをされる。(20代・トランスジェンダー女性)

男性社員として働いていたら、「声高いな」「おまえオネエなのか?」など先輩社員に言われることは日常茶飯事だった。また、飲み会の席で私がパンセクシュアルだと知っている上司が「お前珍しいな、好きなタイプを言え」と先輩社員を一人一人指名してタイプか否かを発表させられた。また、「トランスジェンダーに営業はやらせない」と人事に希望職種の変更を求められた。(20代・トランスジェンダー男性／パンセクシュアル)

営業職ということもあるのか、付き合いでキャバクラに行かざるを得ない。また、日常的な会話の中でも、職場の〝女性〟社員の誰がタイプか、「もしかしてあの人のこと好きでしょ？」など、恋愛対象としてくっつけたがるし、〝男同士〟ということで行われる〝女性〟社員の値踏みを聞かされる。また、社内結婚を奨励する雰囲気があり、社内報にて結婚、出産が掲載されることに違和感を覚えている。（20代・バイセクシュアル男性）

職場内では性別についても理解されていて、とても楽しく働いているが、昇進するにあたり、仕事柄利用者の家族とのコミュニケーションが多くなるので、その際どう対応されるのか心配。性別に関してはもちろん、自分は結婚するつもりがないので結婚に関する話題についても。今の上司も未婚で、利用者さんの家族から「まだ結婚してないの？　いい人いないの？」とよく言われている。（20代・戸籍は女性、性別概念はない）

戸籍も女性に変え、女性社員として職場で働いているが、いつバレるかいつもハラハラしている。また、バレないようにと会社の同僚と深い人間関係を築けずコミュニケーションを避けてしまう。（20代・トランスジェンダー女性）

②福利厚生や制度

戸籍上同性のパートナーや、同性パートナーの子どもなど、法律上家族ではない家族が福利厚生で想定されていない場合、働き続けることが困難になる場合があります。例えば、戸籍上同性のパートナーが長期に入院した場合や亡くなった場合に休みが取れない、転勤の際に戸籍上同性パートナーと一緒に移住できない、社宅に一緒に住めない、結婚祝い金が支給されない、家族に適用される福利厚生が適用されないなど、影響はたくさんあります。

昨今では、戸籍上同性のパートナーへも法律上の家族同様に福利厚生の対象とする企業が増えてきました。

トランスジェンダーの人が性別適合手術を受ける場合、場合によっては数ヶ月の休暇が必要になるため、休暇申請ができないと働き続けることが困難になります。また、職場内で性別を移行する際、トイレ等の男女でわかれた設備の利用や、名前の変更等のシステム面、社内外の理解醸成等、本人だけでは解決できないこともあり、その際にサポートがないと働き続けることが困難になることもあります。性別適合手術等の治療の際、休暇が取得できることを明言する企業も増えてきました。また、トランスジェンダーの職員が性別移行を希望した際のサポート体制やハード面の利用等について対応マニュアルを作成し社内に展開することで、性別移行に関する相談を受けた場合のハラスメントの防止や、トランスジェンダーの職員も安心して働ける職場づくりを目指す企業事例もあります。

声：

同性同士の家族への福利厚生の適用は、なにもない。また、バースデー制度で食事券があるのだが、後で「誰と行ったの?」と職場で話題になるので、同性のパートナーとは使いにくい。（20代・バイセク

シュアル男性）

社内に同性パートナーシップ制度があり、同性パートナーも家族として福利厚生上扱われることが嬉しいです。さまざまな手当ての申請や、不慮の事故等で介護が必要になったときの介護休暇等が対応されているため、安心して働くことができます。（20代・男性同性愛者）

今の職場で働きながら性別適合手術を受けたいと思っているのですが、長期の休みが取れるのか不明で、場合によっては会社を辞めないといけないのではと不安に思っています。（20代・トランスジェンダー男性）

③職場のジェンダー

特にトランスジェンダーの職員にとっては、トイレ、更衣室、寮、宿泊研修等の際の部屋／風呂などのハード面や、服装、呼称、名前、役割などのソフト面におけるジェンダーの区分に困難を覚えることは少なくありません。これらは個別の対応が必要になるからこそ、相談がしやすい環境づくりが重要であるといえます。

職場等知り合いが多い空間では女子トイレに入らざるを得ないが、知らない人がトイレに入ってくると、何度も見られたり、警備員を呼ばれたことも。トラブルにならないように、高い声で女性であることをアピールするが心がえぐれる。健康診断で「女性です」というと身体を舐めるようにチェックされた。また、女性的な名前であることが嫌で、名札を苗字のみの記載にするか、当人の希望にあわせて通称名を使用させてほしい。（20代・ジェンダークィアパンセクシュアル）

以前勤めていた会社では、部署に必ず入社1～2年目の女性社員が一人は割り振られていて、来客対応の際にはその社員がお茶出しをします。また、もしその人が離席中の場合、社歴や役職にかかわらず他の女性社員がお茶出しをさせられていて、その人より社歴が短かったり役職についていない男性社員も数人いるのに気遣う様子もありませんでした。僕は女性社員としてその役割を担っていたのですが、自分がその役割を担うことも、そもそも男女で役割がわかれていることも違和感が強かったです。（20代・トランスジェンダー男性／パンセクシュアル）

合同合宿研修の際、一部の人にはカミングアウトをして、一部の人にはカミングアウトしていなかったので、お風呂はどうしようとか困りました。人事の方に相談をしたところ、対応を一緒に考えていただき、相談できる環境が職場にあることが嬉しかったです。（20代・トランスジェンダー男性）

3　職場で求められること

２０１７年に経済同友会が行なった調査によると、回答企業のうち39・7％がＬＧＢＴに対応する施策を実施していると回答しました。特に、従業員規模別では、５０００人以上の企業で、ＬＧＢＴに対応する施策を実施している企業が75・０％と、特に多いことがわかりました。(9) また、企業のＬＧＢＴの取り組みを評価・表彰する取り組みであるＰＲＩＤＥ指標を取得した企業は開始の２０１６年には受賞79社、２０１８年には１５３社と１９３％増していることからも、企業でのＬＧＢＴへの取り組みが増加していることがわかります。

(1) 職場でできること

ＬＧＢＴにとっても働きやすい職場づくりのために、職場でできることは以下のようなことが考えられます。

１．方針を明文化する

会社として、ＬＧＢＴ等の性的マイノリティに関する方針を明文化し、社内外に公開する。

■行動規則等に性自認、性的指向、性表現に基づく差別をしないことを明記する
■経営トップが社内外に方針を言及する

2. **支援体制を整える**

性的指向や性自認に関するハラスメントや困りごとがあった際に、相談できる体制を構築する。
■LGBTにかんする相談をできる窓口を設け、明示する（既存のハラスメント窓口等と併設も可能）
■相談を受けやすい人（相談窓口担当者／人事等）への研修等を通じ理解を深め安全に相談できる体制の構築

3. **制度や対応を検討・明示する**

人事制度の検討や、LGBTの従業員／求職者たちへの対応について検討・明示する
■家族を対象とした人事制度や福利厚生において、同性パートナーへの対応について検討・明示する
■従業員が性別移行を希望する際の対応について検討・明示する
■採用におけるLGBTへの対応／配慮について検討・明示する

4. **社内の理解を促進する**

■各階層へLGBT研修を実施する
■イントラネットや社内報でLGBTにかんし掲載し、啓発を行う

5. **理解を可視化する**

■社内にＬＧＢＴアライコミュニティをつくる
■研修受講者に６色のレインボーステッカーを配布する
＊赤・橙・黄・緑・青・紫の６色の虹はＬＧＢＴに理解があることの国際的な象徴とされています。
■ＬＧＢＴのイベント等へ参加する／協賛する

就活生に向けた情報提供として、ＬＧＢＴの就活生らに向けた説明会やイベントを実施している企業もあります。また、説明会や就活生向けサイトの中で上記のような取り組みについて触れることで、ＬＧＢＴの就活生らにとっては選考時・内定後にセクシュアリティに由来した困りごとがあったら相談しやすい環境となったり、ＬＧＢＴでない就活生らにとってもダイバーシティ＆インクルージョンに対して積極的に取り組む職場であり、多様性が尊重される職場であるとのメッセージになると考えられます。

声：
カミングアウトして就活をした時に、面接官の人が「うちにもゲイの人がいたよ」とさらっと言ってくれて、とても安心しました。また、新人研修で一人一人企画を立案・発表する際、私がLGBTをターゲットにした企画提案をすると「面白い！　今までLGBTという言葉を知らなかった」と言ってもらえたのが嬉しかったです。（20代・レズビアン）

カミングアウトをした同期から、「無意識に嫌な言い方とかしてたら、教えて欲しい」と言われて、嬉しかった。また、人事担当者が「前例はないけど、申請したら同性でも結婚休暇とか申請できない理由はないと思うよ」と言ってくれた。（20代・パンセクシュアル）

前職ではカミングアウトができておらず、先輩の付き合いでよく合コンや風俗に付き合わされていました。カミングアウトができている今の会社の方が、断然働きやすいです。

自分を語る上で、ゲイというアイデンティティは決してすべてではないけれど、大切な一部分。それを語らなかった前職では、本当の自分とは違うキャラクターを演じて働いていたように感じます。だからこそ、打ちひしがれる悔しさも心が震えるくらいの感動もなかった。本来の自分で働くことができれば、仕事に自分の等身大の想いも自然にのり、それが仕事におけるバリューにもつながると思っています。

（30代・ゲイ）

4　就労支援機関／支援者等に求められること

ＬＧＢＴの求職者や就労者らにとっても働きやすい社会になるために、職場や支援機関、支援者等ができることは、非常に多くあります。就活生のうち約13人にひとり、そして従業員の中にもＬＧＢＴがいるということを知ることこそが、なにより大事な一歩であるといえるでしょう。

（1）就労支援機関／支援者等にできること

ＬＧＢＴにとっても相談しやすい支援機関づくりのためにできることは以下のようなことが考えられます。

■ＬＧＢＴの就活生／求職者も相談できる場所であることを明記し、Ｗｅｂやポスター／フライヤー、イベント実施などで周知する
■ＬＧＢＴの理解を深める研修を職員や相談員、支援者等に実施する
■相談票やフェイスシートを、からだの性・こころの性・好きになる性を別に記載できるようにしたり、相談項目に「セクシュアリティに関する相談」というチェック項目を入れるなど、書類上でもＬＧＢＴの相談が見落とされないよう配慮をする
■ＬＧＢＴの就活生から相談があった際はＬＧＢＴの就活支援を行う団体や相談できる電話相談等を必要に応じて紹介する。また、支援者自身もつながることをためらわない
■開示可能なＬＧＢＴの先輩の事例がある場合、後輩のために開示をする
■ＬＧＢＴに関する本や資料などを、相談室などに置く
■6色のレインボーアイテムを身につけたり、置いたりする
■相談者のプライバシーが守られ、安心できる相談場所（個室）を用意する。

声：
自分の通っていた大学には就職課主催の就活合宿があり、企業の人事の方に面接指導等をしてもらえるという内容だった。参加したかったが、男性として就職活動をする予定だったため、男性として模擬面接をしないと意味がないと思い、就職課に相談してみた。結局、ホテルの手配等をしている業者にも連絡してくれ個室を用意してもらえることになり、とても嬉しかった。（20代・トランスジェンダー男性／パンセクシュアル）

スーツがどうしても嫌で就職活動に踏み出せませんでしたが、セクシュアリティのことを聞いてもらえないのではと相談にいけませんでした。ＬＧＢＴに関するチラシやポスターなど、相談に行くきっかけとなるような情報提供をしてもらえたらとても嬉しいです。（20代、ＭｔＸトランスジェンダー）

5　ＲｅＢｉｔのＬＧＢＴ就活事業の取り組み

認定特定非営利活動法人ＲｅＢｉｔ（りびっと）では、セクシュアリティや特性のちがいが障壁とならず、自分らしい働き方や生き方が選択できる社会を目指し、ＬＧＢＴの就活・就労を応援する「ＬＧＢＴ就活」事業を２０１３年８月より実施しています。以下、各セクターに向けた取り組みについて紹介します。

（１）ＬＧＢＴ求職者支援

主に10代～20代の就活生／求職者へ向けた就労支援を行ない、累計約２０００名が参加をしました。

個別相談支援

ＬＧＢＴに理解の深い臨床心理士やキャリアカウンセラーとの個別キャリアカウンセリングを定期的に開催。２０１７年4月より、神奈川県主催、横須賀市ほか3市共催の「若者のための地域出張相談～就活なんでも相談～」の中の取り組みとして、ＬＧＢＴに向けた就活相談が行政として初めて設置されたことは大きな成果であると捉えています。

集団相談支援

２０１５年12月より、新宿区内に日本初のＬＧＢＴキャリア情報センターを設立し、月１回程度開放し、セクシュアリティ／年齢を問わず情報交換を行うキャリアカフェを開催。

また、企業と連携し、さまざまなセミナーを開催。例えば、企業の人事担当者と交流をすることで、働くことについて考えられるプログラムの制定や、インターンシップ体験、自身のキャリアパスについて考える講座などを設けています。

（2）企業に向けた研修実施

研修実施

企業の人事担当者やマネジメント層に向けた研修を、合同研修を含めると累計２００社を超える企業に対し行ってきました。ＲｅＢｉｔの企業研修の特徴は、「出会い」を通じて体感的にＬＧＢＴを知ることにあります。研修はまず、ＬＧＢＴの用語の説明や職場で取り扱う必要性について講義を行ったあと、グループワークを行います。研修時は複数名のＬＧＢＴ講師が参加し、5～10名の受講者に対し、1名の講師がグループに入り自身の働き方やカミングアウトの経験等を話したり、対話を通じて体感的にＬＧＢＴを知ってもらいます。そのため、多い時は10名の講師でお伺いすることもあり、ＬＧＢＴの中での多様性をみてもらえることも重要であると考えています。その後は、講師たちが職場での困りごとや嬉しかったことをパネルディスカッションするなど、実際の声を聞いてもらいます。その後は、企業の好事例の紹介や、ＬＧＢＴも働きやすい職場作りのためのステップの紹介、よくある相談ケースをもとに対応についてケース検討を行います。「基礎知識から体験談、今後の意識など、全般に貴重なものを聞けたので大変参考になりました。」（40代・管理職）、「言葉としては知っ

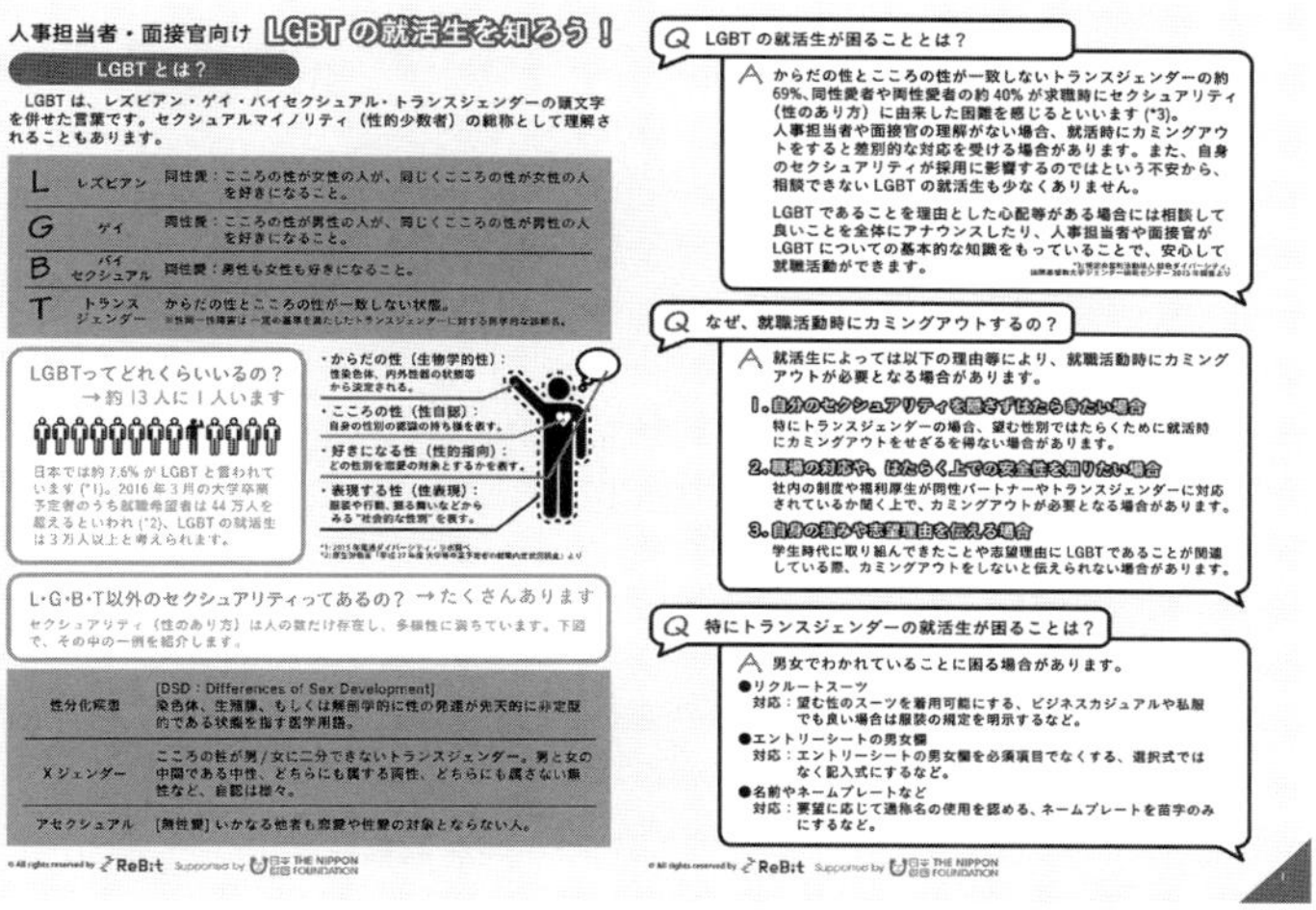

人事担当者・面接官向け LGBT の就活生を知ろう！

LGBT とは？

LGBT は、レズビアン・ゲイ・バイセクシュアル・トランスジェンダーの頭文字を併せた言葉です。セクシュアルマイノリティ（性的少数者）の総称として理解されることもあります。

L	レズビアン	同性愛：こころの性が女性の人が、同じくこころの性が女性の人を好きになること。
G	ゲイ	同性愛：こころの性が男性の人が、同じくこころの性が男性の人を好きになること。
B	バイセクシュアル	両性愛：男性も女性も好きになること。
T	トランスジェンダー	からだの性とこころの性が一致しない状態。

LGBTってどれくらいいるの？
→約 13 人に 1 人います

日本では約 7.6% が LGBT と言われています (*1)。2016 年 3 月の大学卒業予定者のうち就職希望者は 44 万人を超えるといわれ (*2)、LGBT の就活生は 3 万人以上と考えられます。

・からだの性（生物学的性）：性染色体、内外性器の状態等から決定される。
・こころの性（性自認）：自身の性別の認識の持ち様を表す。
・好きになる性（性的指向）：どの性別を恋愛の対象とするかを表す。
・表現する性（性表現）：服装や行動、振る舞いなどからみる "社会的な性別" を表す。

L・G・B・T以外のセクシュアリティってあるの？ →たくさんあります

セクシュアリティ（性のあり方）は人の数だけ存在し、多様性に満ちています。下図で、その中の一例を紹介します。

性分化疾患	[DSD：Differences of Sex Development] 染色体、生殖腺、もしくは解剖学的に性の発達が先天的に非定型的である状態を指す医学用語。
X ジェンダー	こころの性が男 / 女に二分できないトランスジェンダー。男と女の中間である中性、どちらにも属する両性、どちらにも属さない無性など、自認は様々。
アセクシュアル	[無性愛] いかなる他者も恋愛や性愛の対象とならない人。

Q　LGBT の就活生が困ることとは？

A　からだの性とこころの性が一致しないトランスジェンダーの約 69%、同性愛者や両性愛者の約 40% が求職時にセクシュアリティ（性のあり方）に由来した困難を感じるといいます (*3)。
人事担当者や面接官の理解がない場合、就活時にカミングアウトをすると差別的な対応を受ける場合があります。また、自身のセクシュアリティが採用に影響するのではという不安から、相談できない LGBT の就活生も少なくありません。

LGBT であることを理由とした心配等がある場合には相談して良いことを全体にアナウンスしたり、人事担当者や面接官が LGBT についての基本的な知識をもっていることで、安心して就職活動ができます。

Q　なぜ、就職活動時にカミングアウトするの？

A　就活生によっては以下の理由等により、就職活動時にカミングアウトが必要となる場合があります。

1. 自分のセクシュアリティを隠さずはたらきたい場合
特にトランスジェンダーの場合、望む性別ではたらくために就活時にカミングアウトをせざるを得ない場合があります。

2. 職場の対応や、はたらく上での安全性を知りたい場合
社内の制度や福利厚生が同性パートナーやトランスジェンダーに対応されているか聞く上で、カミングアウトが必要となる場合があります。

3. 自身の強みや志望理由を伝える場合
学生時代に取り組んできたことや志望理由に LGBT であることが関連している際、カミングアウトをしないと伝えられない場合があります。

Q　特にトランスジェンダーの就活生が困ることは？

A　男女でわかれていることに困る場合があります。

●リクルートスーツ
対応：望む性のスーツを着用可能にする、ビジネスカジュアルや私服でも良い場合は服装の規定を明示するなど。

●エントリーシートの男女欄
対応：エントリーシートの男女欄を必須項目でなくする、選択式ではなく記入式にするなど。

●名前やネームプレートなど
対応：要望に応じて通称名の使用を認める、ネームプレートを苗字のみにするなど。

図 1　「人事担当者・面接官向け LGBT の就活生を知ろう！」資料

ているつもりでも、実情を全くわかっていなかったことを感じた。整理された理論と個々の声のバランスが良く、良い機会であった。」（50代・人事担当者）などの声がよせられました。

資料作成

人事・面接担当者に向けたA4サイズ1枚にまとめた資材の作成や（図1参照）、15分程度でLGBTについて知っていただくための映像研修などを作成しています。また、国内企業の9割以上が中小企業であることから、中小企業の取り組みをまとめた冊子を作成し、職場での取り組みの普及・浸透に努めています。

資料作成

日本財団の助成の元、就労支援者に向けた資材セットを作成。支援者がＬＧＢＴについて理解を深めるための冊子、相談していいことを伝えるためのポスター（図2参照）やステッカーを同封し、全国の大学のキャリアセンターに送付をしています。

図2　就労支援者向けポスター
（作成：ReBit）

（3）就労支援機関／支援者に向けた研修実施

研修実施

労働局やハローワーク、大学キャリアセンターなどで、就労支援者に向けた研修を行っています。特に2015年度より神奈川県との協働事業として、県内の就労支援機関への理解普及などに精力的に取り組んでいます。

（4）情報交換

ウェブサイト「LGBT就活」運営

２０１５年４月にはＬＧＢＴの就活情報をまとめたウェブサイトである『ＬＧＢＴ就活』（http://www.lgbtcareer.org）を開設し、働くＬＧＢＴへのインタビューや企業の取り組みに関して情報提供を行っています。

（5）カンファレンス「RAINBOW CROSSING TOKYO」の開催

２０１６年より、ＬＧＢＴの求職者／就労者、企業担当者、就労支援者、行政等、就労に関わる全てのセクターが「ＬＧＢＴも自分らしく働く」ことを切り口に「誰もが自分らしく働く」ことについて考え・対話をする日本最大級のカンファレンス〝ＲＡＩＮＢＯＷ　ＣＲＯＳＳＩＮＧ　ＴＯＫＹＯ〟を開催してきました。また、厚生労働省、東京都、文京区、一般社団法人　日本経済団体連合会、日本労働組合総連合会（連合）、全国中小企業団体中央会、東京大学から後援を受け、政労使の三者から後援を受ける国内初のＬＧＢＴイベントとなりました。２０１６年～２０１８年に３回開催し、累計２１００名、２００以上の企業・団体が参加しました。また、後援を厚生労働省、日本経済団体連合会、日本労働組合総連合会、東京都文京区からいただき、政労使の三者から後援を受ける国内初のＬＧＢＴイベントとなりました。２０１８年は、午前の部では、安田講堂にて、ＬＧＢＴを切り口に「誰もが自分らしく働く」ことについて、調査報告やパネルディスカッション等、現状の取り組みや課題を知る講演会を行いました。

午後の部では、当事者・企業・就労支援者など様々な立場の人が交流を行いました。LGBTへの対応に取り組む32社が出展し取り組みの共有をしたり、LGBTの社会人らとの交流のためのブースを設置するなど、対話によって各社・各機関でのLGBTへの取り組みの促進が図られました。

おわりに

LGBTの求職者や労働者は「いないこと」にされやすいですが、なによりも、「身近にいる」と知っていただくことが大切な一歩であると考えます。LGBTにとっても安全に働ける職場、相談しやすい就労支援機関のための制度や設備も重要であるといえますが、なによりも1人ひとりの理解、そして相談できる1人の存在が重要であると考えます。ぜひ、本書を読んでいただいたみなさまにその1人なっていただけることを心より願っています。

注

（1）諸外国の調査ではLGBTは概ね2～5％程度などと推定されています。（釜野さおり・石田仁・風間孝・吉仲崇・河口和也（2015）性的マイノリティについての意識調査2015年全国調査報告書、207ページ）

国内の調査ではＬＧＢＴは７・６％（２０１５年電通ダイバーシティラボ）や、８・０％（２０１６年ＬＧＢＴ総合研究所）といった結果があります。

（２）厚生労働省「平成26年度　大学等卒業予定者の就職内定状況調査」（２０１５年）より。

（３）２０１６年３月卒の大学新卒の就活生43万人以上に、国内のＬＧＢＴの推定値である５〜８％をかけて、算出。

（４）ＬＧＢＴや性的マイノリティの就職活動における現状調査（２０１９年、認定特定非営利活動法人ＲｅＢｉｔ）。

（５）こころの性が男／女に二分できないトランスジェンダー。男と女の中間である中性・どちらにも属する両性、どちらにも属さない無性など、自認はさまざま。

（６）既存の性別の枠組みにあてはまらない、または流動的な人。その表象はさまざま。

（７）すべてのセクシュアリティの人を恋愛や性愛の対象とする人。

（８）ＬＧＢＴや性的マイノリティの就職活動における現状調査（２０１９年、認定特定非営利活動法人ＲｅＢｉｔ）。

（９）公益社団法人経済同友会「ダイバーシティと働き方に関するアンケート調査」（２０１７年）より。

〈編著者紹介〉
三成美保（みつなり　みほ）
1956年生まれ。奈良女子大学副学長，同大学研究院生活環境科学系教授。
専門：ジェンダー法学，ジェンダー史，西洋法制度
著書に『ジェンダーの法史学』（勁草書房，2005年），編著に『教育とLGBTIをつなぐ』（青弓社，2017年），『同性愛をめぐる歴史と法』（明石書店，2015年），共著に『歴史教育とジェンダー』（青弓社，2011年），共編著に『ジェンダーから見た世界史』（大月書店，2014年）など多数。

LGBTIの雇用と労働
――当事者の困難とその解決方法を考える――

2019年7月20日　初版第1刷発行　＊定価はカバーに表示してあります

編著者　三　成　美　保©
発行者　植　田　　実
印刷者　藤　森　英　夫

発行所　株式会社　晃　洋　書　房
〒615-0026　京都市右京区西院北矢掛町7番地
電話　075(312)0788番(代)
振替口座　01040-6-32280

装丁　高石　瑞希　　印刷・製本　亜細亜印刷(株)
ISBN978-4-7710-3027-5

著者紹介（執筆順）

名古道功（なこ　みちたか）
1952年生まれ。金沢大学名誉教授。
専門：労働法
著書に日本労働法学会編『人格・平等・家族責任』（編著，日本評論社，2017年），『ドイツ労働法の変容』（単著，日本評論社，2018年）ほか。

村木真紀（むらき　まき）
1974年生まれ。特定非営利活動法人虹色ダイバーシティ（LGBT も働きやすい職場づくりを推進する NPO）理事長，社会保険労務士。

LGBT と職場に関する調査研究，社会教育，情報発信を行う NPO を運営。大手企業や省庁，自治体にて研修，講演の実績多数。

著書に『職場の LGBT 読本』（共著，実務教育出版，2015年），『トランスジェンダーと職場環境ハンドブック』（共著，日本能率協会マネジメントセンター，2018年）。

後藤純一（ごとう　じゅんいち）
1969年生まれ。株式会社アウト・ジャパン取締役。
専門：LGBT に関する編集・執筆
All About［セクシュアルマイノリティ・同性愛］ガイドをはじめ，ゲイライターとして，22年にわたって同性愛をはじめとするセクシュアルマイノリティについて多くの媒体に執筆。現在は大手企業や自治体などへの研修，講演も実施。
著書に『職場の LGBT 読本』（共著，実務教育出版，2015年）。

木村愛子（きむら　あいこ）
1933年生まれ。特定非営利活動法人 ILO 活動推進日本協議会　理事長。

専門：女性労働の国際比較研究，ILO を中心に。

著者に『21世紀社会福祉学』（共著，有斐閣，1995年），『ディーセント・ワークとジェンダー平等』（編著，日本 ILO 協会，2009年），『賃金衡平法制論』（単著，日本評論社，2011年）。

永野　靖（ながの　やすし）
1959年生まれ。弁護士。

商工中金で中小企業金融に携わった後，2000年に弁護士登録。市民や中小企業の法律問題に幅広く取り組む。LGBT からの相談も多く，経産省性同一性障害者職場処遇訴訟，日本人同性パートナーを有する台湾人在留資格訴訟の代理人を務める。

薬師実芳（やくし　みか）
1989年生まれ。認定特定非営利活動法人 ReBit 代表理事，キャリアカウンセラー。
企業，行政，学校などでの講演や LGBT の就活・就労の支援，LGBT の教育や就活に関する調査研究を行う。
著書に『LGBT ってなんだろう？——からだの性・こころの性・好きになる性』（共著，合同出版，2014年），『教育と LGBTI をつなぐ』（共著，青弓社，2017年），『トランスジェンダーと職場環境ハンドブック』（共著，日本能率協会マネジメントセンター，2018年）ほか。

〈コラム執筆〉

榊原富士子（さかきばら　ふじこ）
1953年生まれ。弁護士。
専門：家族法，家事事件
夫婦別姓訴訟（１次，２次）の弁護団長をつとめる。
著書に『親権と子ども』（共著，岩波新書，2017年），『離婚判例ガイド』（共著，有斐閣，2015年）ほか。

伊藤公雄（いとう　きみお）
1951年生まれ。京都産業大学現代社会学部客員教授，京都大学・大阪大学名誉教授。
男性の非暴力運動ホワイトリボンキャンペーンジャパン共同代表など。
専門：文化社会学・ジェンダー論
著書に『〈男らしさ〉のゆくえ』（新曜社，1993年），『「男女共同参画」が問いかけるもの　増補新版』（インパクト出版会，2009年）『女性学・男性学　改訂版』（共著，有斐閣，2011年）ほか。

國分典子（こくぶん　のりこ）
1957年生まれ。法政大学法学部教授。
専門：韓国憲法，憲法思想史
著書に，『近代東アジア世界と憲法思想』（単著，慶應義塾大学出版会，2012年），駒村圭吾・待鳥聡史編『「憲法改正」の比較政治学』（共著，弘文堂，2016年），大石眞・大山礼子編『国会を考える』（共著，三省堂，2017年）ほか。

用語解説・判例・法令

【I】用語

用語① 「性」(一般)

セクシュアリティ(Sexuality)	性のあり方(人間の性のあり方の全般・総体)。①身体の性(セックス・身体的性別)、②心の性(性自認)、③好きになる性(性的指向)、④社会から期待される性(狭義の社会的性・性役割・「女らしさ」/「男らしさ」)などの要素からなる。
セックス(Sex)	身体の性(生物学的性・身体的性別)。①性染色体(女性はXX・男性はXYなど)、②外性器や内性器の状態(子宮や卵巣があるか・ペニスや精巣があるか)、③性ステロイドホルモン(女性ホルモン・男性ホルモン)のレベルなどの要素からなる。外見的な性の特徴は、ホルモン療法や性別適合手術などによって変えることができる。
ジェンダー(Gender)	社会的・文化的性(社会的・文化的に構築される性)。①性自認、②性的指向、③性役割などの要素からなる。出生時の性別の割り当て方、性別違和への対応、性的指向に関する規範、性役割などは歴史的に構築され、社会や文化によって異なる。
LGBT	レズビアンLesbian(L)・ゲイGay(G)・バイセクシュアルBisexual(B)・トランスジェンダーTrans-gender(T)の頭文字を使った呼称。1990年代から当事者の自称として広まり、日本では2010年頃からマスコミに登場した。
LGBTI	LGBTにI(インターセックス)を加えた呼称。比較的

	新しい表現で、たとえば、2015年9月29日、国連12機関(ILO, OHCHR, UNHCR, UNAIDS, UNDP, UNESCO, UNFPA, UNICEF, UNODC, UNWOMEN, WFP, WHOの12機関)の共同声明「LGBTIに対する暴力・差別の撤廃」でタイトルに用いられている。
LGBTQ	LGBTにQを加えた呼称。「Q」とは、「クェスチョニング(Questioning＝不確定)」あるいは「クィア(Queer＝個性的)」の意味。「LGBTQ」は、無性愛者(Asexual)や自己の性について特定できない人、あるいは特定しようとしない人など、「LGBT/LGBTI」という表現では言い尽くされない多様な性のあり方を包括する表現として用いられる。
SOGI(ソジ)	「性的指向(Sexual Orientation)」と「性自認(Gender Identity)」の頭文字を取った呼称。ゲイやレズビアンなどのような「特定のひと」を表す語ではなく、誰もがもつ「属性」を表す用語であるため、すべてのひとに対して使える。このため、国際社会では、「LGBT/LGBTI」に代わってよく用いられるようになっている。
性的マイノリティ(Sexual Minority)	性的少数者。1960年代に、「エスニック・マイノリティ」をヒントに造語されたものと言われる。しかし、「マジョリティ」に対比するための他称であり、当事者の自称ではない。このため、LGBTのほうがよく使われるようになった。日本でも、2018年調査(電通ダイバーシティ・ラボ)で8.9%がLGBT当事者という結果が出ており、少数者とは言いにくい。

用語② 性的指向

性的指向(Sexual Orientation)	好きになる性や性的対象が誰であるかを表す概念。性自認との関係で決まるため、身体的性別が男性で性自認が女性のトランスジェンダーが男性を愛する場合には「異性愛」となる。

ヘテロセクシュアル (Heterosexual)	異性愛者。
ホモセクシュアル (Homosexual)	同性愛者。
レズビアン (Lesbian)	女性同性愛者（女性として女性が好きになる人)。
ゲイ (Gay)	男性同性愛者（男性として男性が好きになる人)。同性愛者一般をさすこともある。
バイセクシュアル (Bisexual)	両性愛者（好きになる対象が女性・男性の両性である人)。
パンセクシュアル (Pansexual)	汎性愛者（特定の性的指向や性自認に関係なく、幅広い対象に恋愛感情や性的欲望を抱く人)。
アセクシュアル (Asexual)	無性愛者（誰に対しても恋愛感情や性的欲望を抱かない人)。

用語③　性自認

性自認 (Gender Identity)	性の自己認識、性同一性（ジェンダー・アイデンティティ)。自身がどの性別に属するかという感覚、物心ついたときから生じる「自分は女（または男)」という自己認識をさす。「心の性」とも呼ばれる。
出生時に割り当てられた性別	出生届の性別欄に記載され、戸籍に登録された性別。身体的性別が典型的でない場合（インターセックス）には合致しない「性の特徴」を有する場合がある。また、成長後の性自認と食い違う場合もある（トランスジェンダー)。

シスジェンダー (Cisgender)	性自認が出生時に割り当てられた性別と一致する人。
トランスジェンダー (Transgender＝TG)	性自認が出生時に割り当てられた性別とは異なる人。あり方は多様で、自称もさまざまである。出生時の性別が女性で性自認が男性の人は、FtM・トランスジェンダー男性・トランス男性という呼称をよく使い、出生時の性別が男性で性自認が女性の人は、MtF・トランスジェンダー女性・トランス女性という呼称をよく使う。
トランスセクシュアル (Transsexual＝TS)	トランスジェンダーのうち、性別適合手術によって身体の変更を望む者、あるいは身体を変更した者を指す。トランスジェンダーのうち、該当者は2～3割とされる。「性同一性障害」に近い概念であり、「性別移行」「性転換」という訳語が用いられることもあるが、最近ではあまり使われない。
性別違和［症候群］ (Gender Dysphoria＝GD)	トランスジェンダーの中で医療（性別適合手術・ホルモン療法など）が必要な人が、診断基準を満たすとつけられる診断名。精神医学界で世界的基準として用いられているアメリカ精神医学会の診断基準『精神障害の診断と統計の手引き（第5版）』(DSM-5、2013年）で「性同一性障害」に代えて用いられるようになった。
性同一性障害 (Gender Identity Disorder＝GID)	DSM-III（1980年）において「精神疾患」の一類型として採用された医学用語。その後、公式用語として普及したが、DSM-5（2013年）で「性別違和」に代えられた。「性同一性」に違和感をもつこと自体は「障害」ではないとする考え方を反映している。日本では、性同一性障害特例法（2003年）で法律用語として「性同一性障害」が用いられており、要件変更とあわせて法改正が急務である。「性同一性障害者特例法」によれば、「「性同一性障害者」とは、生物学的には性別が明らかであるにもかかわらず、心理的にはそれとは別の性別（以下「他の性

	別」という。）であるとの持続的な確信を持ち、かつ、自己を身体的及び社会的に他の性別に適合させようとする意思を有する者であって、そのことについてその診断を的確に行うために必要な知識及び経験を有する二人以上の医師の一般に認められている医学的知見に基づき行う診断が一致しているもの」をいう。
性同一性障害者の性別の取扱いの特例に関する法律（性同一性障害特例法）	2003年成立、2004年施行、2008年改正。性同一性障害者のうち以下の５要件のすべてを満たす者につき、家庭裁判所の審判により、法令上の性別の取扱いと、戸籍上の性別記載を変更できる。 一　二十歳以上であること。 二　現に婚姻をしていないこと。 三　現に未成年の子がいないこと（2008年に「子」を「未成年の子」に限定）。 四　生殖腺　がないこと又は生殖腺の機能を永続的に欠く状態にあること。 五　その身体について他の性別に係る身体の性器に係る部分に近似する外観を備えていること。 2017年の法的性別変更者は903人、これまでに７千人以上が法的性別を変更した。
Ｘジェンダー（X）	出生時に割り当てられた女性・男性の性別のいずれでもないという性別の立場をとる人。日本独自の表現で、英語の「パンジェンダー（Pangender）」とほぼ同じである。
クェスチョニング（Q）	性自認が一定でない人、自分の性を固定的にとらえたくない人。
性別適合手術（性別再指定手術）	生来の生殖器官や乳房を取り去り、性別移行先の外性器・乳房等を形成する手術をいう。かつては、「性転換手術」と呼ばれた。2018年４月より性別適合手術には保険が適用されるようになったが、ホルモン治療には保険

	適用がない。ホルモン治療と性別適合手術を併用すると「混合診療」となって保険適用外となる。このため、GID（性同一性障害）学会によると、2018年末までに保険を使って手術したのは全国で３人にとどまっている。男性から女性（MtF）への性別適合手術には最低でも140万～150万円（保険適用で20～30万円程度）かかるとされる。女性から男性（FtM）への性別適合手術はより高額で、150～400万円程度（保険適用で45～50万円程度）とされる。ただし、MtF、FtMともどこまでの手術を望むかによって費用は大きく異なる。また、ホルモン治療も自由診療であるため、病院によって代金が大幅に異なる。

用語④　性の特徴

性の特徴	生物学的・解剖学的特徴（出生時の外性器の形態など）。
インターセックス(Intersex)	性に関する身体の発達（性分化）の相違・特徴をさし、疾患ではない。
性分化疾患(Disorders of Sex Development＝DSDs)	治療が必要な場合に、医学的には「性染色体、性腺、または解剖学的性が否定形である先天的状態」を「性分化疾患」とよぶ。70種以上のタイプがあると言われる。例えば、「性染色体異常」の場合、「X」（女性型となるターナー症候群など）や「ＸＸＹ」（男性型となるクラインフェルター症候群など）があり、「ＸＸ」と「ＸＹ」の細胞が混在する「モザイク型」もある。内性器と外性器の組合せも一様ではない。

用語⑤　ジェンダー表現

ジェンダー表現	言葉遣いや服装、行動様式などに表現される「らしさ」。
異性装（クロスドレッサー／トランスヴェスタイト）	ジェンダー表現の一つとして、文化的に自らの性役割に属するとされる服装をしないこと。

用語⑥　関連用語

アンコンシャス・バイアス (unconsious bias)	「アンコンシャス・バイアス（無意識の思い込みや偏見）」は、2000年頃から概念化され、おもに以下の三つがあるとされる。①ステレオタイプ・スレット（本人や周囲の思い込み）、②ジェンダー・職業・学歴・人種などの「属性」にもとづく一般化や差別化、③些細な侮辱である。 詳しくは、以下を参照。男女共同参画学協会連絡会「無意識のバイアス―Unconscious Bias―を知っていますか？」2019年（初版改訂版）https://www.djrenrakukai.org/doc_pdf/2019/UnconsciousBias_leaflet.pdf
ホモフォビア (Homophobia)	同性愛嫌悪。同性愛や同性愛者に対する嫌悪感や恐怖心、拒絶や偏見をさす。宗教的教義などに基づいて否定的な価値観などをもつことも含まれる。
トランスフォビア (Transphobia)	トランスジェンダーやトランスセクシュアルに対する嫌悪感や恐怖心、拒絶や偏見をさす。宗教的教義などに基づいて否定的な価値観などをもつことも含まれる。
LGBTI差別反対国際デー	毎年5月17日は、「国際反ホモフォビア・トランスフォビア・バイフォビアの日（LGBTI差別反対国際デー）」とされる。1990年5月17日にWHOが同性愛を疾病及び関連保健問題の国際統計分類（ICD-10）から削除することを決議したことに基づく。

プライド・プロジェクト	LGBTI 労働者に対する差別の実態を調査し、包摂を促進するための好事例を収集することを目的とした ILO（国際労働機関）の取り組み。
ワーク・ウィズ・プライド (Work with Pride)	2012年に企業と NGO の連携により開始されたダイバーシティ・マネジメントの促進と定着を支援する任意団体。2016年６月に、LGBTI 支援に取り組む複数の団体がつくった任意団体「ワーク・ウィズ・プライド」が企業と協力し、2016年６月に、LGBTI 支援に取り組んでいるかどうかについての指標を策定した。指標は、次の５項目である。（１）性的指向と性自認による差別をしないと宣言しているか。（２）相談窓口の整備など意見を言える機会を提供しているか。（３）研修など理解促進に取り組んでいるか。（４）同性パートナーにも適用する人事制度を行っているか。（５）心と体の性が一致しないトランスジェンダーへのサポート体制を整えているか。評価はゴールドとシルバー、ブロンズの３段階で、企業は認定されたことを示すロゴを広告、求人の際に使えるようになる。2017年に「ゴールド」を受賞した企業は87社であった。企業名については、以下のサイトを参照。http : //www.workwithpride.jp/
アライ (Ally)	支援者。LGBT の置かれた状況を理解し、その状況を改善するために、自分事として行動できる支援者・仲間をさす。アライは、「ストレート・アライ」（自身は LGBTI 当事者ではないが、LGBTI 当事者を支援する者）をさすことが多い。
カミングアウト (Coming Out)	自分が性的マイノリティ当事者であることを自分の意思で他者に伝えること。
アウティング (Outing)	暴露行為。他者のセクシュアリティをその人の同意なしに第三者に伝えること。重大なハラスメント行為である。

（参考）日本学術会議法学委員会　社会と教育におけるLGBTIの権利保障分科会「性的マイノリティの権利保障をめざして――婚姻・教育・労働を中心に――」（2017年9月29日）http：//www.scj.go.jp/ja/info/kohyo/pdf/kohyo-23-t251-4.pdf、
東優子、虹色ダイバーシティ、ReBit『トランスジェンダーと職場環境ハンドブック――誰もが働きやすい職場づくり――』日本能率協会マネジメントセンター、2018年。

【II】代表的な判例・事例

判例①　ブルーボーイ事件（1969-70年）

「ブルーボーイ事件」とは、「ブルーボーイ」と呼ばれた男娼3人の求めに応じて、産婦人科医が不妊手術（性別適合手術：当時「性転換手術」と呼ばれた）を施し、優生保護法28条（「故なく、生殖を不能にすることを目的として手術又はレントゲン照射を行ってはならない」）違反に問われて有罪が確定した事件。

本件では、手術に先立って医師が十分な精神科診療を行わず、手術の必要性や手術を受ける動機等について確認していなかったことが、優生保護法が禁じる「故なく」不妊手術を行ったものと判断された。地裁判決（1969年）は、「性転換手術」のすべてを違法としたわけではなく、次のような条件を満たした場合には「正当な医療行為」になるとの判断を示した極めて妥当なものであった。（1）精神的、心理的観察を行い、一時的な気分による者を排除すること、（2）家族、生活環境を調査し、人間形成の過程を調べ手術がやむを得ないかどうかを調べること、（3）精神科医を含んだ複数の医師団の決定によること、等である。1970年、東京高裁は医師の控訴を棄却し、判決が確定した。本事件以降、「性転換手術は優生保護法違反」との誤解が一般に広まり、日本では「性転換手術」が事実上行えなくなってしまった。

（参考文献）1970年東京高裁判決（全文）
http：//www.courts.go.jp/app/files/hanrei_jp/759/020759_hanrei.pdf

判例②　FTM父性確定訴訟（2013年最高裁決定）

2013年12月10日の最高裁決定。性同一性障害のトランスジェンダー男性（女性から性別変更した男性）が女性と結婚し、非配偶者間人工授精を利用して長男をもうけたが、子の戸籍の「父」欄は空欄とされた事件で、最高

裁は、民法772条は婚姻の主要な効果であり、当該夫婦が婚姻をしている以上、妻との性的関係の結果もうけた子であり得ないことを理由に、同規定の適用を認めないとすることは相当でないとして、子を当該夫婦の嫡出子として戸籍記載することを命じた。

夫婦は、「父」欄に夫の名を書き入れることを求めて東京家裁に審判を申し立てたが、東京家裁はこれを却下した。高裁判決は、民法772条に定める「嫡出推定の原則」の趣旨を次のように述べて、家裁決定を支持した（2012年12月）。「民法772条は家庭の平和を維持し夫婦関係の秘事を公にすることを防ぐとともに父子関係の早期安定を図ったものであることからすると、戸籍の記載上、生理的な血縁が存しないことが明らかな場合においては、同条の適用を欠く」というのが、高裁の判断であった。

2014年1月27日、最高裁決定を受け、法務省は、性同一性障害で女性から性別変更した男性とその妻が第三者から精子提供を受けてもうけた子について、今後嫡出子として戸籍に記載するよう全国の法務局と地方法務局に通達を出した。

（参考文献）最高裁決定2013年12月10日民集67巻9号1847頁。
http://www.courts.go.jp/app/files/hanrei_jp/810/083810_hanrei.pdf

判例③　ゴルフ会員権訴訟（2014-2015年）

静岡県内の某ゴルフクラブへの入会を希望したトランスジェンダー女性（性同一性障害により男性から女性へ性別変更）が性別変更を理由に入会及びゴルフクラブ経営会社の株式譲渡承認を拒否されたため、ゴルフクラブを相手どって慰謝料等の支払いを求めた裁判。

一審（静岡地裁浜松支部判決2014年9月8日判時2243号67頁）は女性の訴えを認めて110万円の慰謝料等支払い（慰謝料100万円、弁護士費用10万円）を命じた。入会拒否は、「自らの意思によってはいかんともし難い疾患によって生じた生物学的な性別と性別の自己意識の不一致を治療することで、性別に関する自己意識を身体的にも社会的にも実現してきたという原告の人格の根幹部分をまさに否定したものにほかならない」とした。二審（東京高裁判決2015年7月1日労働判例ジャーナル43号40頁）も一審判決を支持した。

（【Ⅱ】代表的な判例・事例 出典）
日本学術会議法学委員会　社会と教育におけるLGBTIの権利保障分科会「性的マイノリティの権利保障をめざして――婚姻・教育・労働を中心に――」（2017年9月29日）http://www.scj.go.jp/ja/info/kohyo/pdf/kohyo-23-t251-4.pdf

【III】法令・条例等

① 性同一性障害者の性別の取扱いの特例に関する法律（2003年制定、2008年改正）（抄）

（趣旨）第一条　この法律は、性同一性障害者に関する法令上の性別の取扱いの特例について定めるものとする。

（定義）第二条　この法律において「性同一性障害者」とは、生物学的には性別が明らかであるにもかかわらず、心理的にはそれとは別の性別（以下「他の性別」という。）であるとの持続的な確信を持ち、かつ、自己を身体的及び社会的に他の性別に適合させようとする意思を有する者であって、そのことについてその診断を的確に行うために必要な知識及び経験を有する二人以上の医師の一般に認められている医学的知見に基づき行う診断が一致しているものをいう。

（性別の取扱いの変更の審判）第三条　家庭裁判所は、性同一性障害者であって次の各号のいずれにも該当するものについて、その者の請求により、性別の取扱いの変更の審判をすることができる。
一　二十歳以上であること。
二　現に婚姻をしていないこと。
三　現に未成年の子がいないこと。
四　生殖腺がないこと又は生殖腺の機能を永続的に欠く状態にあること。
五　その身体について他の性別に係る身体の性器に係る部分に近似する外観を備えていること。
2　前項の請求をするには、同項の性同一性障害者に係る前条の診断の結果並びに治療の経過及び結果その他の厚生労働省令で定める事項が記載された医師の診断書を提出しなければならない。
（性別の取扱いの変更の審判を受けた者に関する法令上の取扱い）第四条　性別の取扱いの変更の審判を受けた者は、民法（明治二十九年法律第八十九号）その他の法令の規定の適用については、法律に別段の定めがある場合を除き、その性別につき他の性別に変わったものとみなす。
2　前項の規定は、法律に別段の定めがある場合を除き、性別の取扱いの変更の審判前に生じた身分関係及び権利義務に影響を及ぼすものではない。
（以下、附則抄、附則は略）

② 2020年東京オリンピック憲章

　このオリンピック憲章の定める権利および自由は人種、肌の色、性別、性的指向、言語、宗教、政治的またはその他の意見、国あるいは社会のルーツ、財産、出自やその他の身分などの理由による、いかなる種類の差別も受けることなく、確実に享受されなければならない。

③「東京都オリンピック憲章にうたわれる人権尊重の理念実現のための条例」（2018年）

（趣旨）第三条　都は、性自認（自己の性別についての認識のことをいう。以下同じ。）及び性的指向（自己の恋愛又は性愛の対象となる性別についての指向のことをいう。以下同じ。）を理由とする不当な差別の解消（以下「差別解消」という。）並びに性自認及び性的指向に関する啓発等の推進を図るものとする。